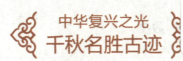

中华复兴之光
千秋名胜古迹

古桥天姿风采

李姗姗 主编

汕头大学出版社

图书在版编目（CIP）数据

古桥天姿风采 / 李姗姗主编. -- 汕头 : 汕头大学
出版社，2017.1（2023.8重印）
（千秋名胜古迹）
ISBN 978-7-5658-2840-9

Ⅰ. ①古… Ⅱ. ①李… Ⅲ. ①古建筑－桥－介绍－中
国 Ⅳ. ①K928.78

中国版本图书馆CIP数据核字(2016)第293553号

古桥天姿风采　　GUQIAO TIANZI FENGCAI

主　　编：李姗姗
责任编辑：宋倩倩
责任技编：黄东生
封面设计：大华文苑
出版发行：汕头大学出版社
　　　　　广东省汕头市大学路243号汕头大学校园内　邮政编码：515063
电　　话：0754-82904613
印　　刷：三河市嵩川印刷有限公司
开　　本：690mm×960mm　1/16
印　　张：8
字　　数：98千字
版　　次：2017年1月第1版
印　　次：2023年8月第4次印刷
定　　价：39.80元
ISBN 978-7-5658-2840-9

前言

党的十八大报告指出："把生态文明建设放在突出地位，融入经济建设、政治建设、文化建设、社会建设各方面和全过程，努力建设美丽中国，实现中华民族永续发展。"

可见，美丽中国，是环境之美、时代之美、生活之美、社会之美、百姓之美的总和。生态文明与美丽中国紧密相连，建设美丽中国，其核心就是要按照生态文明要求，通过生态、经济、政治、文化以及社会建设，实现生态良好、经济繁荣、政治和谐以及人民幸福。

悠久的中华文明历史，从来就蕴含着深刻的发展智慧，其中一个重要特征就是强调人与自然的和谐统一，就是把我们人类看作自然世界的和谐组成部分。在新的时期，我们提出尊重自然、顺应自然、保护自然，这是对中华文明的大力弘扬，我们要用勤劳智慧的双手建设美丽中国，实现我们民族永续发展的中国梦想。

因此，美丽中国不仅表现在江山如此多娇方面，更表现在丰富的大美文化内涵方面。中华大地孕育了中华文化，中华文化是中华大地之魂，二者完美地结合，铸就了真正的美丽中国。中华文化源远流长，滚滚黄河、滔滔长江，是最直接的源头。这两大文化浪涛经过千百年冲刷洗礼和不断交流、融合以及沉淀，最终形成了求同存异、兼收并蓄的最辉煌最灿烂的中华文明。

五千年来，薪火相传，一脉相承，伟大的中华文化是世界上唯一绵延不绝而从没中断的古老文化，并始终充满了生机与活力，其根本的原因在于具有强大的包容性和广博性，并充分展现了顽强的生命力和神奇的文化奇观。中华文化的力量，已经深深熔铸到我们的生命力、创造力和凝聚力中，是我们民族的基因。中华民族的精神，也已深深植根于绵延数千年的优秀文化传统之中，是我们的根和魂。

　　中国文化博大精深，是中华各族人民五千年来创造、传承下来的物质文明和精神文明的总和，其内容包罗万象，浩若星汉，具有很强文化纵深，蕴含丰富宝藏。传承和弘扬优秀民族文化传统，保护民族文化遗产，建设更加优秀的新的中华文化，这是建设美丽中国的根本。

　　总之，要建设美丽的中国，实现中华文化伟大复兴，首先要站在传统文化前沿，薪火相传，一脉相承，宏扬和发展五千年来优秀的、光明的、先进的、科学的、文明的和自豪的文化，融合古今中外一切文化精华，构建具有中国特色的现代民族文化，向世界和未来展示中华民族的文化力量、文化价值与文化风采，让美丽中国更加辉煌出彩。

　　为此，在有关部门和专家指导下，我们收集整理了大量古今资料和最新研究成果，特别编撰了本套大型丛书。主要包括万里锦绣河山、悠久文明历史、独特地域风采、深厚建筑古蕴、名胜古迹奇观、珍贵物宝天华、博大精深汉语、千秋辉煌美术、绝美歌舞戏剧、淳朴民风习俗等，充分显示了美丽中国的中华民族厚重文化底蕴和强大民族凝聚力，具有极强系统性、广博性和规模性。

　　本套丛书唯美展现，美不胜收，语言通俗，图文并茂，形象直观，古风古雅，具有很强可读性、欣赏性和知识性，能够让广大读者全面感受到美丽中国丰富内涵的方方面面，能够增强民族自尊心和文化自豪感，并能很好继承和弘扬中华文化，创造未来中国特色的先进民族文化，引领中华民族走向伟大复兴，实现建设美丽中国的伟大梦想。

目 录

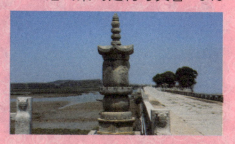

赵州桥

    赵州桥建于605年前后，由隋代著名匠师李春设计和建造，已有1400多年历史，是世界上最早和保存最完整的石拱桥。被誉为"天下第一桥"。

    赵州桥又名"安济桥"，位于河北省赵县的洨河上。赵州桥是一座单拱桥，拱长达37.02米，在当时可算是世界上最长的石拱。

    桥洞不是普通半圆形，而像一张弓，桥面平坦宽阔，成为"坦拱"，兼顾了水陆交通，方便了车马运行。古人用"初月出云""高虹横水""奇巧甲天下"来形容赵州桥的绝妙。赵州桥被美国土木工程师学会选定为"世界第十二处"国际土木工程里程碑。

鲁班兄妹打赌修桥

鲁班
公元前507-前444
手艺高超的工艺巧匠,杰出的
创造发明家。

传说是在古时候,木匠祖师爷鲁班领着妹妹鲁姜路过河北赵州城的南浽河渡口,一条白茫茫的浽河拦住了去路,河宽水深,风高浪急。

河边上推车的,担担的,卖葱的,卖蒜的,骑马赶考的,拉驴赶庙会的,闹闹嚷嚷,争着过河进城。河里只有两艘小船摆来摆去,半天也过不了几个人。

鲁班看到后,就问他们:"你们怎么不在河上修座桥呢?不用每天在河里穿梭了!"

人们都说："这河又宽、水又深、浪又急，谁敢修呀！打着灯笼，也找不着这样的能工巧匠！"

鲁班听了心里一动，和妹妹鲁姜商量好，要为来往的行人修两座桥。于是，鲁班就对妹妹说："咱先修大石桥后修小石桥吧！"

鲁姜说："行！"

鲁班说："修桥是苦差事，你可别怕吃苦啊！"

鲁姜说："不怕！"

鲁班说："不怕就好。你人又笨手又拙，再怕吃苦就麻烦了。"

这一句话把鲁姜惹得不高兴了。她说："你别嫌我人笨手拙，今个儿，咱俩分开修，你修大的，我修小的，和你比赛一下，看谁修得快，修得好。"

鲁班说："好，比吧！啥时动工，啥时修完？"

鲁姜说："天黑出星星动工，鸡叫天明收工。"

一言为定，兄妹于是分头开始准备。

鲁班不慌不忙溜溜达达往西向山里走去了。鲁姜到了城西，急急忙忙就动手。她一边修一边想：等着瞧吧！我非赢不可！果然，三更没过，她就把小石桥修好了。

随后，鲁姜悄悄地跑到城南，看看她哥哥修成什么样子了。她来到城南一看，河上连个桥影儿也没有。鲁班也不在河边。她心想哥哥这回输定了。

当鲁姜扭头一看，西边太行山上，一个人赶着一群绵羊，蹦蹦跳跳地往山下来了。等她走近了一看，原来赶羊的才是她哥哥。

哥哥哪是赶的羊群呀！分明赶来的是一块块像雪花一样白、像玉石一样光润的石头，这些石头来到河边，一眨眼的工夫就变成了加工好的各种石料。

有正方形的桥基石，长方形的桥面石，月牙形的拱圈石，还有漂亮的栏板，美丽的望柱，凡桥上用的，应有尽有。

鲁姜一看心里一惊，这么好的石头造起桥来该有多结实呀！相比之下，自己造的那个不行，需要赶紧想法补救。重修来不及了，就在雕刻上下功夫胜过哥哥吧！

鲁姜悄悄地回到城西动起手来，在栏杆上刻了盘古开天、大禹治水，又刻了牛郎织女、丹凤朝阳。什么珍禽异兽、奇花异草，都刻得像真的一样。刻得鸟儿展翅能飞，刻得花儿香味扑鼻。

鲁姜瞅着那精美雕刻简直满意极了，她又跑到城南去偷看哥哥。

乍一看呀！她简直惊呆了。天上的长虹，怎么落到了河上呢？她定睛再仔细一看，原来哥哥把桥造好了，只差安好桥头上最后一根望

柱了。

鲁姜怕哥哥赢了自己，就跟哥哥开了个玩笑。她闪身蹲在柳树后面，捏住嗓子伸着脖子"咕咕哏"地学了一声鸡叫。

她这一叫，引得附近老百姓家里的鸡也都叫了起来。鲁班刚刚装饰好桥的中部，忽然听到鸡叫，真的以为是天亮了。他为人最讲信用，并谨遵约定，他赶忙把最后一根望柱往桥上一安，桥也算修成了。

这场兄妹建桥比赛，两人各有千秋，大石桥以工程巨大而领先，小石桥以栏板雕饰而更胜一筹。哥哥鲁班虽然输了，但他为妹妹的精湛技艺而心里感到十分高兴。

这两座桥，一大一小，都很精美。

鲁班的大石桥，气势雄伟，坚固耐用。鲁姜修的小石桥，精巧玲珑，秀丽喜人。赵州一夜修起了两座桥，第二天就轰动了附近的州衙府县。

人人看了，人人赞美。能工巧匠来这里学手艺，巧手姑娘来这里描花样。每天来参观的人，像流水一样。

这件奇事很快就传到了蓬莱仙岛仙人张果老的耳朵里，他就骑着毛驴，兴冲冲地赶来看热闹。他在路上遇到了推车的柴王爷和拉车的赵匡胤，于是三人一同来到洨河畔观桥。看过赵州桥后，三人无不暗暗惊叹鲁班的精湛技艺。

为了考验鲁班，张果老与鲁班打赌，如果他们三位能顺利过桥，而桥不倒，从此便倒骑毛驴。鲁班心想：这座桥，骡马大车都能过，三个人算什么，于是就请他们上桥。

三人走上桥时，张果老转身施法术，聚来日月星辰，装入身上的褡裢里，柴王爷和赵匡胤也运用法术聚来了五岳名山，悄悄放在了独轮车上。

由于载重猛增，三人还没有走到桥中间，大桥就经受不住了，开始摇晃起来。

鲁班一见不好，急忙跳进水中，用手撑住大桥的东侧，大桥才转危为安，张果老三人顺利地走过了大桥。张果老当面认输，只有从此开始倒骑着毛驴子。

因为鲁班撑大桥时使劲太大，在大桥东拱券下便留下了他的手印。桥上也因此留下了驴蹄印、车道沟、柴王爷跌倒时留下的一个膝印和张果老斗笠掉在桥上时打出的圆坑。

大桥是鲁班建造的传说以及张果老倒骑毛驴的故事，被民间口口相传，流传十分广泛。其中最有名的，就是那首脍炙人口的民歌《小放牛》这样唱道：

赵州桥是什么人修？玉石栏杆什么人留？

什么人骑驴桥上过？什么人推车轧了一道沟……

赵州桥是鲁班爷修，玉石栏杆圣人留，

张果老骑驴桥上过，柴王爷推车轧了一道沟……

知识点滴

传说五代时期后周皇帝柴荣听到鲁班在赵州修桥的消息后，他为国家有这样的贤良能人而感到十分高兴。他化装成普通百姓，推上独轮车，并由殿前亲点检赵匡胤拉车，到赵州桥考查封赏鲁班。

柴荣的小车将至桥中，因为车沉桥陡，柴荣脚下一滑，单膝跪在桥上，把桥面上压了一个膝印和一道车沟。鲁班看出这人是世宗皇帝，急忙上前跪拜。

柴荣说："你为民修桥有功，任你挑选，朕要封你为官。"

鲁班拜谢圣意，表示愿做一世工匠，别无所求。柴荣大喜，当场书写"鲁班仙师"匾额一块，赐予鲁班。

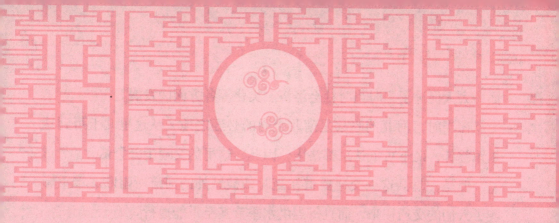

李春设计建造赵州桥

　　鲁班在赵州修桥仅仅是一个美丽的传说而已，真实的情况其实是这样的。隋代统一我国后，结束了长期以来南北分裂、兵戈相见的局

面，大大促进了当时当时社会经济、文化等各方面的发展。

在当时，河北的赵县是南北交通的必经之地，从这里北上可到达重镇涿郡，南下可抵达京都洛阳，因此，这里的交通十分繁忙。

但是，赵县这一交通要道在当时却被城外的河流所阻断，严重影响了人们的交通往来，而且每当洪水季节甚至不能通行。

鉴于这种情况， 605年，当地官府决定在洨河上建造一座大型石桥，以结束长期以来交通不便的状况。于是，官府就选派造桥匠师李春负责大桥设计和施工的主要工匠，在洨河建造大桥。

李春就地取材，选用附近州县生产的质地坚硬的青灰色砂石作为建桥石料。

在石拱砌置方法上，李春均采用了纵向的砌置方法，就是整个大桥是由28道各自独立的拱券沿宽度方向并列组合而成。拱厚皆为1.03米，每券各自独立、单独操作，相当灵活。

　　每券砌完合龙后就成了一道独立拼券，砌完一道拱券，移动承担重量的"鹰架"，再砌另一道相邻拱。

　　这种砌法有很多优点，它既可以节省制作"鹰架"所用的木材，便于移动，同时又利于桥的维修，一道拱券的石块损坏了，只要嵌入新石，进行局部修整就行了，而不必对整个桥进行调整。

　　李春还根据自己多年丰富的实践经验，经过严格周密地勘察和比较，他选择了洨河两岸较为平直的地方建桥。

　　这里的地层是由河水冲积而成，地层表面是久经水流冲刷的粗砂层，以下是细石、粗石、细砂和黏土层。

　　根据后来测算，这里的地层每平方米能够承受45吨至66吨的压力，而赵州桥对地面的压力为每平方米50顿至60吨，能够满足大桥的要求。李春选定桥址后，便在上面开始建造地基和桥台。

　　桥台是整座大桥的基础，必须能承受大桥主拱券轴向力分解而成

的巨大水平推力和垂直压力。

李春在建造大桥时采取了低拱脚，拱脚在河床下仅半米左右。还采用了浅桥基，桥基底面在拱脚下1.7米左右。还建造了短桥台，由上至下，用逐渐略有加厚的石条砌成5米长，6.7米宽，9.6米高的桥台。

这是一个既经济又简单实用的桥台。为了保障桥台的可靠性，李春采取了许多相应的固基措施。

为了减少桥台的垂直位移，就是由大桥主体的垂直压力造成的下沉，他采取了在桥台边打入许多木桩的措施，以此来加强桥台的基础。这种方法在后来的厂房、桥梁的建造上还经常采用。

为了减少桥台的水平移动，就是由大桥主体的水平推力造成的桥台后移，李春采用了延伸桥台后座的办法，以抵消水平推力的作用。

为了保护桥台和桥基，李春还在沿河一侧设置了一道金刚墙，一方面可以防止水流的冲蚀作用；另一方面金刚墙和桥基、桥台连成一体，增加了桥台的稳定性。

这些措施保证了大桥具有坚固的桥台，提高了大桥的坚实程度。

李春及其他工匠在设计和施工的过程中，提出了许多技术上的创新方案，他和工匠们一起创造性地采用了圆弧拱形式，使石拱高度大大降低了。

李春采用圆弧拱形式，改变了我国大石桥多为半圆形拱的传统。我国古代习惯上把弧形的桥洞、门洞之类的建筑叫作"券"。

一般石桥的券，大都是半圆形。但在洨河上建桥跨度很大，从这一头至那一头有37.04米。如果把券修成半圆形，那桥洞就要高18.52米。这样车马行人过桥，就好比越过一座小山，非常费劲。

还有就是施工不利，半圆形拱石砌石用的脚手架就会很高，增加施工的危险性。

李春设计大桥的券是小于半圆的一段弧，这既减低了桥的高度，

减少了修桥的石料与人工，又使桥体非常美观，很像天上的长虹。

李春把桥的主孔设计成净跨度为37.02米，而拱高只有7.25米，拱高和跨度之比为1比5左右。这样就实现了低桥面和大跨度的双重目的，桥面过渡非常地平稳，车辆行人也非常方便，而且还具有用料省、施工方便等优点。当然，圆弧形拱对两端桥基的推力相应增大，需要对桥基的施工提出更高的要求。

李春还采用了敞肩的方式进行设计，这是李春对拱肩进行的重大改进。他把以往桥梁建筑中采用的实肩拱改为敞肩拱，即在大拱两端各设两个小拱，靠近大拱脚的小拱净跨为3.8米，另一拱的净跨为2.8米。

李春所设计的这种大拱加小拱的敞肩拱具有优异的技术性能。首先可以增加泄洪能力，减轻洪水季节由于水量增加而产生的洪水对桥的冲击力。古代河流往往每逢汛期，水势较大，对桥的泄洪能力就是个考验。

李春设计四个小拱就可以分担部分洪流，后来根据计算四个小拱可增加过水面积16%左右，大大降低了洪水对大桥的影响，提高了大桥的安全性。

其次，李春采取敞肩拱比实肩拱可节省大量土石材料，能够减轻桥身的自重的设计。后来根据计算，四个小拱可以节省石料26立方米，并能减轻自身重量700吨，从而减少桥身对桥台和桥基的垂直压力和水平推力，增加桥梁的稳固。

第三是增加造型的优美。四个小拱均衡对称，大拱与小拱构成了一幅完整的图画，显得更加轻巧秀丽，体现了建筑和艺术的完整统一。

第四是符合结构力学理论，敞肩拱式结构在承载时使桥梁处于有利状况，可减少主拱圈的变形，从而提高了桥梁的承载力和稳定性。

在我国古代，传统建筑方法是，一般比较长的桥梁往往采用多孔形式，这样每孔的跨度小、坡度平缓，便于修建。但是多孔桥也有缺

点，如桥墩多，既不利于舟船航行，也妨碍洪水宣泄；桥墩长期受水流冲击、侵蚀，天长日久容易塌毁。

但是李春在设计大桥的时候，采取了单孔长跨的形式，河心不立桥墩，使石拱跨径长达37米之多，这可是我国桥梁史上的空前创举。

为了加强各道拱券间的横向联系，使28道拱组成一个有机整体，连接紧密牢固，李春采取了一系列技术措施。他采用了每一拱券下宽上窄、略有"收分"的方法，使每个拱券向里倾斜，相互挤靠，增强其横向联系，以防止拱石向外倾倒。

在桥的宽度上，他采用了少量"收分"的办法，就是从桥的两端到桥顶逐渐收缩宽度，从最宽9.6米收缩至9米，以加强大桥的稳定性。

李春还在主券上均匀沿桥宽方向设置了五个铁拉杆，穿过28道拱券，每个拉杆的两端有半圆形杆头露在石外，以夹住28道拱券，增强其横向联系，并在四个小拱上也各有一根铁拉杆起同样作用。

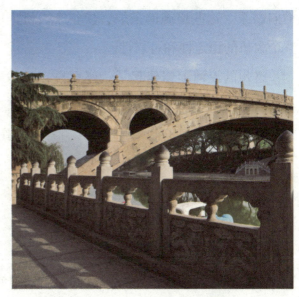

李春在靠外侧的几道拱石上和两端小拱上盖上护拱石一层，以保护拱石。在护拱石的两侧设计有勾石六块，勾住主拱石使其连接牢固。

为了使相邻拱石贴合在一起，在两侧外券相邻拱石之间都穿有起连接作用的"腰铁"，各道券之间的相邻石块也都在拱背穿有"腰铁"，把拱石连起来。

而且每块拱石的侧面都凿有细密斜纹，以增大摩擦力，加强各券

横向联系。这些措施的采取，使整个大桥连成一个紧密整体，增强了整个大桥的稳定性和可靠性。

赵州的洨河上修建起了一座石桥，于是当地的老百姓就叫它"大石桥"。石桥位于赵县的城南，飞跨在皎河之上，因赵县古称"赵州"，所以人们又叫它"赵州桥"。有史记载：

赵郡皎河石桥，匠李春工迹也，制造奇特，人不知其所以为。

意思是赵州桥制造奇特，人们都不知道它是怎样建成的！隋末越王杨侗在皇泰初年，就是618年，他总结赵州桥的营造经验时，称赞李春为"圣人"。

知识点滴

在很久以前，很多到赵州柏林禅寺参访的人，都要从赵州桥经过。相传当时有个人想以贬低赵州桥来讥讽赵州的禅法，他说道："久仰赵州大石桥，怎么我只看到一座小小的独木桥？"

赵州和尚问："你只见独木桥，未见到大石桥？"

这人说："是啊，大石桥是什么样的？"

赵州和尚答："渡驴渡马。"

是这样的，赵州桥默默无语地为南来北往的行人和车马服务，以佛心方便行人，承受驴马践踏；以佛心普度众生，无论高贵低下。赵州桥渡过了多少生灵？古桥不语，流水无言！

雕塑艺术与历次修缮

　　赵州桥不仅是一座实用性的交通大桥，而且还是我国古代传统文化的一大载体，又是一件不可多得古代雕塑艺术的瑰宝。

　　赵州桥建筑结构独特，唐代中书令张嘉贞称其为"奇巧固护，甲

于天下"，它被誉为"天下第一桥"，在建筑史上占有十分重要的地位，对后代的桥梁建筑有着十分深远的影响。

赵州桥的玉石栏杆分列两侧，每侧各设了21块栏板和22根望柱。布局是中间每侧设蛟龙栏板五块，蟠龙竹节望柱六根，两侧为斗子禾叶栏板和宝珠竹节望柱。

赵州桥的雕饰主要集中在中间部分的栏板和望柱上，龙雕是其精华。大桥中部每侧有五块蛟龙栏板，六根蟠龙竹节望柱，内外均是龙的形象，每侧有28条龙，两侧共计56条龙。如果再加上主拱券顶部两侧各一个蚣蝮，总计58条龙，从而形成了一个气势恢宏的群龙阵图。

大桥上面的蛟龙奇兽或盘或踞，或飞或腾，跌宕多姿，引人入胜。在艺术表现手法上既有粗犷豪放的写意，又有精致细密的工笔。布局详略得当，既有局部的变化又有整体的统一，形成苍劲古朴、浑厚豪放的艺术风格。

赵州桥除了具有传说的仙迹以外，还有玉石栏板和大石桥铭，人们称之为"三稀"，十分有名。

赵州石桥上的栏版大都仿照隋代以前的栏板而建筑，栏板上的龙图案是仿照隋朝图案而雕刻的，隋代的龙身上无鳞，尾巴细长，四爪和身体短健有力。

大桥上所雕的群龙之中，最引人注目的就是位于桥巅的饕餮。饕餮是传说中一种贪吃的怪兽，此兽以贪吃和凶恶为特征。

赵州桥上的饕餮占据了大桥顶部最中间位置的整块栏板，毛发分披，两耳坚起，两只大眼凶光毕露，欸欸开合，怒视前方。

此恶兽形象与两旁飘逸的蛟龙形成了巨大的反差和鲜明的对比，使人望之生畏，不敢久留，这样就不会因桥上滞留多人而发生事故，从而达到通济利涉的目的。此乃以恶兽示警，实现劝善目的。

1086年至1096年，哲宗皇帝赵煦在北巡途中，深为赵州桥的雄奇壮丽所动，于是赐赵州桥正名为安济桥，是取"利贯金石，强济天下，通济利涉，万民以福"之意。

赵州桥南桥头下还有一块汉白玉的标志牌，牌上刻着"安济桥"三个大字，这就是赵州桥的正名，也是官名。这正是北宋时哲宗皇帝赵煦所赐，所以赵州桥的正名叫"安济桥"。

在1563年，因为卖柴者在赵州大石桥下烤火，火势延烧，致使桥石出现小的缝隙，但因为有腰铁锁着的缘故，桥上照样有重物通过。看见这种情况，当地有居敬兄弟出面向知县李方至请求修缮石桥。

居敬兄弟也就是张居敬、张居仁，他们俩是明代举人张时泰之子，兄弟两人也是为

官的，他们各捐资数十金，并倡导大家捐资，还从赵州境内募缘数千缗，把赵州桥修葺如故，颇得知州、知县和远近百姓称颂。

1821年，知州李景梅让庠生王元治负责修缮赵州桥。李景梅率先捐资数十缗，在他带动下赵州境内众百姓纷纷出资，筹资很快完成。

修缮工程竣工后，知州赐予"急公好义"的匾额以表彰王元治。

赵州桥建成后差不多有1400年，它经历了10次水灾、8次战乱和多次地震，但都没有遭到丝毫破坏。

赵州桥的地理位置，在古代有"吞齐跨赵"的说法，地处兵家必争的咽喉要道，交通十分繁忙。大桥自建成后，就一直作为实用性交通大桥而使用，车马行人摩肩击毂，日夜不息。

赵州桥在漫长的历史长河中，历经车马重轧，战乱之祸，地震水患，风雨侵蚀，却一直安然雄踞于洨河之上，在桥梁建筑史上堪称为一大奇迹。

知识点滴

由赵州桥贯穿的历史古道，过去老百姓一直把它叫作"皇道"。在隋代时经由赵州桥的这条南北大通道，向南可直达东都洛阳，向北则贯穿涿郡，直通北京城。

当年乾隆皇帝下江南时，三次所走的陆路，都是从赵州桥上经过而南下的。乾隆帝第一次南下是奉皇太后之命巡幸中州河洛之地，是为君临嵩岳之行；后两次则是著名的"南巡"之举。乾隆三过赵州，并在柏林禅寺为这块土地留下了可观的诗作和笔墨。

宝带桥

　　宝带桥始建于816年至819年之间，它是由刺史王仲舒主持建造的，已经有1000多年的历史了。

　　宝带桥位于江苏省苏州京杭大运河边，跨澹台湖口玳玳河，为历代纤道所经。宝带桥用坚硬素朴的金山石筑成，桥长316.8米，宽4米，桥孔53孔。

　　宝带桥是我国最长的一座古代多孔联拱石桥，其中的三孔联拱特别高，用来通大船，两旁各拱路面逐渐下降，形成弓形弧线。宝带桥构造复杂而又结构轻盈，风格壮丽，奇巧多姿，成为了江南名胜。

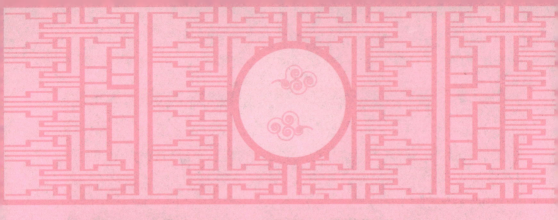

仙女玉带化作宝带桥

　　相传在很早的时候，天廷里面住着一位仙女，她看似每天过着无忧无虑的生活，但有时感到十分寂寞。

　　每当她感到百无聊赖的时候，就会去找其他仙女聊天，聊着聊着就听说人间有一个地方叫姑苏，那里山青水秀，土地肥沃，物产丰富，人们安居乐业，过着天堂般的生活。

　　有一天，仙女终于动了凡心，她便悄悄地离开了天庭，驾着祥云来到了姑苏太湖的上空。此时250平方千米的太湖，风平浪静，72个岛屿像散落的珍珠一样镶嵌在湖面上。这时天色已接近黄昏，湖面上白帆点点，正是渔民满载鱼虾归航的时候。

　　仙女就向东飞过天平、灵岩两山，来到了姑苏城上空。仙女放眼望去，只见湖的两岸，聚集着南来北往的过客，行人车马熙攘，丝竹管乐隐约可见。

　　当地的人们，因为苏州太湖的湖水澹澹，因此又称它为"澹澹湖"。仙女回头看了一眼身后的澹澹湖，然后拨转云头，不一会儿就来到澹澹湖上。

　　澹澹湖虽小，湖面上却是白浪滚滚，让人觉得十分险恶。仙女忽然看见一艘小渡船，在巨浪中艰难地搏击着行进。

　　仙女看着船夫焦急的神情，便动了慈悲恻隐之心，于是她解下腰间的玉带，随手抛向了湖面。玉带在风中飘飘荡荡，落到了湖上，瞬间便化成了一座53孔的石桥。

　　湖水顷刻变得风平浪静，原来是玉带化作的桥梁镇住了湖中兴风

作浪的湖怪。两岸的人们欢呼雀跃，他们第一次步行走过了澹澹湖。

从此以后，村民的生活就恢复了往日的平静。可是由宝带变化而成的大桥，它的桥孔经常变化无常，让人们都感到十分惊恐。当地的一个渔民为了防止发生不测，便想了个办法，他带上100根竹签，依次在每个桥孔下放上一根，最后剩下46根。

从东望去，仙女抛下玉带化成的石桥，背衬青山，下托绿水，恰似一条宝带飘卧在澹澹湖口，宝带桥的美名便由此而生了。

宝带桥犹如"长虹卧波"横卧在大运河和澹台湖之间。尤其到了中秋之夜，澹澹湖面，宝带桥旁，当皓月高挂夜空，人们就会看到桥孔倒映，恰似圆月，就会忘了自己究竟是在人间，还是进入了仙境。

传说那只被仙女玉带镇住的湖怪不服输，就附在桥头的石狮上，每当夜深人静的时候，它便变成女儿身，到周围的村庄作孽，迷惑那些轻浮的青壮年。

但是，有一位不被女妖美色所迷惑的美少年，他非常勇敢，他在趁女妖吐舌害人的时候，挥剑将女妖的舌头斩下来了。女妖从此不敢出来害人了。

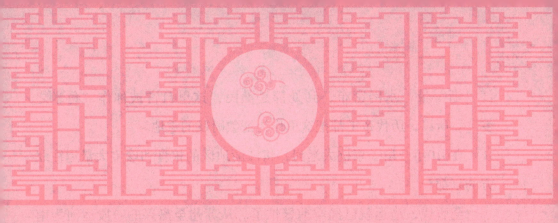

王仲舒修建宝带桥

仙女抛玉带化作宝带桥，以及其他美丽传说，都说明了宝带桥在人们生活中的重要性，因此被赋予了种种传奇的色彩。

苏州城的太湖上原来的确没有桥，宝带桥始建于唐代。那时在

江、浙一带，水网密布，到处都是渔民，这里自古被称作"鱼米之乡"。所以，历代帝王都把这里作为征敛财赋的重地。

在610年开凿了京杭大运河，将江浙地区的粮食和珍宝大量运往北方的京都。

至唐代，漕运就已经空前繁忙了。从苏州至嘉兴的一段运河为南北方向，秋冬季节货船要顶着西北风前进，不背纤是很难行进的。

而且纤道在澹台湖与运河交接处，有着一个宽约三四百米的缺口。如果填土做堤连接牵道，会切断苏州各湖经吴淞江入海的通路，而且路堤容易被湍急的湖水冲决。因此，在这里修建一座大桥是最好的选择。

当时在任的苏州刺史王仲舒，为了保证漕运的顺利畅通，他下定决心在此建造一座桥梁。

816年，王仲舒带领许多能工巧匠开始动工，历时四年时间终于将大桥建成。从此以后，船工纤夫和过往的人们都得到了极大的便利。

在修建大桥开始阶段，由于当时的官府财政十分紧张，王仲舒就

慷慨捐出自己的玉质腰带，用来充资建桥，宝带桥也由因此得名了。

大桥建成后，有人说大桥好像一条悬浮在水上的宝带，真是恰如其实的美妙。从远处看去，宝带桥真像是一条飘动在绿色原野上的玉带，这样的命名显然可能是从它的观感角度出发的。

宝带桥用坚硬素朴的金山石筑成，桥长316.8米，桥孔53孔，是我国古代桥梁中最长的一座多孔石桥。其中三孔联拱特别高，以通大船，两旁各拱路面逐渐下降，形成弓形弧线。

宝带桥北端的石塔坐落在离桥约2米处，高4米，它是以整块青石雕琢而成，底座正方形刻有海浪云龙纹，每级八面，各自都设有佛龛，龛内镂有佛像。而且在宝带桥的27孔与28孔间的水磐石上，也有同样的石塔一座。

宝带桥的两端各有一对威武的青石狮，北端还有四座碑亭和五级八面石塔各一座。北端的一对石狮一直蹲着迎接来往的客人，南端的一对早已经沉入深不见底的河床了。

王仲舒同工匠们一起施工设计规划并构筑长桥，他们打破江南建桥的常规，不采用"垂虹架空"的石拱形建桥方式，而是将大桥设计成为"宝带卧波"式的长堤型。

王仲舒和工匠们采用了多孔、狭墩以及"挽道"的结构，使湖水大大通畅了，提高了泄洪的能力。这也是宝带桥能够保留下来的一个关键创举。

在宝带桥的建造工程技术上，他们采用的是多孔薄墩联拱石桥，使用的材料是柔性墩。这样的建造方式和材料的考虑可以防止多桥孔连锁倒塌。

宝带桥的砌拱法，既不同于赵州桥的单拱并合，也不同于卢沟桥的条石弧砌，而是采用了结合两者优势的多绞拱。这样的多绞拱在古代也是极为罕见的。

宝带桥建成以后，屡受创伤，也历经了多次的兴废。唐、宋、元、明、清五代曾六次重建重修，后来清代湖广总督林则徐也主持维修过一次。

1436年至1446年期间，庐陵周忱如以工部右侍郎身份巡抚此地，

与苏州知府及吴县、长洲知县共同商议重建宝带桥，此时才建成了保存至后来的53孔石拱桥。

宝带桥不仅改善了大运河和澹台湖之间的交通条件，而且因其制造精巧，景色绮丽，又是处在苏州古城，横卧在大运河和澹台湖之间的玳玳河上，故有苏州第一桥之美称。

在宝带桥何时能看到"串月"呢？据说一般在农历八月十八晚上能看到串月，但也有人说在八月十六或十九的前后各有一天晚上也能见到串月。

而当地的人们说，在二月十八晚上也可见到串月。赏串月的具体时间，亦有黄昏、月光初起和半夜等几种说法。

有谁见到"串月"呢？据说仅有明末清初的著名诗人钱牧斋和徐元叹见到，其后就别无他人了，其余人只是对串月奇观的描述。

知识点滴

宝带桥的千古美名

宝带桥已经有上千年的历史，桥面平坦，下由53孔连缀，整座桥狭长如带。全桥构造复杂而又结构轻盈，风格壮丽，奇巧多姿，成为了我国江南负有盛名的一座文明古石桥。

从远处望去，整座宝带桥狭长如带，多孔联翩，倒映水中，虚实交映，犹如苍龙浮水，又似鳌背连云，不仅为行人纤夫提供了方便，还为江南水乡增添了旖旎景色。

元代高僧善住曾有一首描绘宝带桥的诗：

借得它山石，还抴石作梁。

直从堤上去，横跨水中央。

白鹭下秋色，苍龙浮夕阳。

涛声当夜起，并入榜歌长。

　　从诗中不难看出，远在元代，宝带桥就不仅是一座颇具规模的石拱桥，而且肩负着繁忙的运输任务了。

　　英国杰出外交家马嘎尔尼在18世纪末期，千里迢迢来到我国，他见到了乾隆皇帝，却为下跪的问题闹得很不愉快。随后有一个法国学者，专门写过一本书，讨论这件事情。

　　法国学者形容马嘎尔尼和乾隆的相见，一个代表着世界上最强大的帝国，一个代表着世界上最古老的帝国，都很有傲慢的资格，再加上文化的巨大差异，产生矛盾与冲突是必然的。

　　不过，除了不愉快，一路上中国这个东方古国的自然风光和人文景观，还是让马嘎尔尼时时有惊喜。

　　马嘎尔尼的一位同伴还称这座桥是不可思议的建筑物。这座桥就

是苏州附近运河上宝带桥。在以河运为主的时代，宝带桥见证了无数南来北往的船影，那些船影里面有着隐藏的历史风云。

春去秋来，年复一年，宝带桥一直静卧在湖口，注视着世间万物的更新变换，默默地为南来北往的旅客提供着方便，与闻名于世的京杭大运河一起，为苏州的繁荣做出了贡献。苏州宝带桥，在古石桥的历史长河中，源远流长！

知识点滴

清代晚期诗人徐崧曾目睹了宝带桥的重修，他并题诗一首叫《见宝带桥重修有作》：

澹台湖在具区东，利涉全资宝带功。

山对楞伽邀串月，塘连蓣水捍冲风。

石狮对坐行人过，水鸟群飞钓艇通，

乱石圮崩谁再建，捐资直欲媲王公。

由此可见，澹台湖与宝带桥自古桥建成之日起，就是一体的，简直密不可分。

鱼沼

鱼沼飞梁修建于384年至534年之间，起始是为晋国始祖叔虞周武王次子而建的，后来在1023年重建。我们常说的鱼沼飞梁为北宋遗物。

鱼沼飞梁东西桥面长15.5米，宽5米，高出地面1.3米，东西向连接圣母殿与献殿；东北桥面长18.8米，宽3.3米，两端下斜至岸边，与地面平行。

鱼沼飞梁是一座十字形的桥梁，也被称作"十字桥"。这种十字形桥为世界独有的一例。在后来，鱼沼飞梁被誉为是"世界上最古老的立交桥"。

汇聚著名泉潭池的晋祠

相传在西周时期，周武王姬发之妃邑姜怀孕的时候，梦见天帝说："我给你的儿子起名为虞，将来在唐地兴国立业，那里是参宿的分野，叫他在那里养育自己的子孙。"

说来也巧，在当时山西南部的翼城、曲沃和绛县之间，确实有一个殷商时期分封的诸侯小国叫"唐"，依山枕水，美丽富饶。

胎儿出生后，手上果然有个"虞"字，于是，邑姜就给他起名"虞"，他就是周朝晋国的始祖唐叔虞，邑姜因此被后世尊为"天圣"。

唐叔虞，姓姬，名虞，是周武王幼子，周成王姬诵的同母弟弟。周武王死后，周成王姬诵年幼，便由周武王的弟弟周公摄政。周公灭掉殷商封国唐后，就遵照邑姜的意愿把唐封给了叔虞。

公元前1054年，周都镐京举行了盛大册封仪式。在典礼上，周成王把唐地分封给了叔虞，并准许叔虞因地制宜，从唐国实际情况出发治理当地。叔虞在唐时，励精图治，鼓励民众发展农牧生产，兴修水利，使民众逐步过上了安定、富足的生活。附近的许多部落先后归附于他，使唐国疆土日渐扩大了。

叔虞之子燮父继位后，迁都于晋水之旁，因境内有条晋水河，便改国号为晋，这就是晋国历史的开始，也是后来山西简称"晋"的由来。作为晋国立国创业的始祖，叔虞的历史功绩不可磨灭，因此他得到了后人称颂。人们为了祭祀他，就在叔虞曾经的封地上建了一座"唐叔虞祠"，也就是后来的"晋祠"。

晋祠所处悬瓮山麓，背负悬山，面临汾水，依山就势，利用山坡之高下，分层设置，在山间高地上充分地向外借景，依地势的显露，

山势的起伏，构成了晋祠周围壮丽巍峨的景观。

据有关记载，北魏时期晋祠里面的主要建筑祠、堂、飞梁都已具备了，也就是说早在1500年前，晋祠在晋阳就已经具有相当大的规模了。在漫长的岁月中，晋祠曾经过多次修建和扩建，面貌不断改观。

北齐天保年间，文宣皇帝高洋将晋阳定为陪都，又在晋祠"大起楼观，穿筑池塘"，进行了一次大扩建。晋祠的难老泉亭、善利泉亭、八角莲池、雨花寺、上生寺等，都是这个时期的建筑。

晋祠坐北朝南，山门三楹，门外台阶高耸。院中设享堂，将祠宇隔为前后两进。叔虞像端坐大殿神龛正中，身穿蟒袍，手执玉圭，神采奕奕。神龛内左右各有一侍童待诏，神台下文臣武将对峙而立。

难老泉俗称南海眼，位居水母楼前，是晋水的主要源头，因其水温恒定而清澈如碧玉，常年不息，所以有人便摘取我国最早诗歌总集《诗经·鲁颂》中"永锡难老"的锦句命名其为"难老泉"。难老泉有"晋阳第一泉"之称，泉水自悬瓮山底岩层涌出，潜流10多米，从水塘西岸半壁的石雕龙口注入溏中，看似白练飞舞，听如鸣琴合奏，构成了晋祠八景之一的"难老泉声"，此景为晋祠胜景的精华所在，也是"晋祠八景"之最。

难老泉上建有"难老亭"，泉亭下端的清潭西壁半腰间，有汉白玉雕成的龙头，泉水由此向东喷水，泻入下方清潭。

清潭又名金沙滩，也叫"石塘"，在晋祠中的圣母殿南面，潭水清澈见底，游鱼历历可数，水中草藻，四季常青。

善利泉又名北海眼，一年四季，水温如常，泉流如玉，晶莹剔透，游鱼细石，清冽可视。

八角莲池又名放生池，形八角，周围有矮砖的护栏。善利泉水自西北入，鱼沼水自西南入，东有浅水口通北河。八角池中植莲，一向被人们所赞赏，有"莲池映月"之称，为晋祠内八景之一。

总之，晋祠经过北齐扩建后，其规模更胜于北魏。当时，著名文人祖鸿勋曾写了篇《晋祠记》，盛赞晋祠的山光水色和亭台楼阁。可见，晋祠里面的泉、潭、池非常有名，可以说这里是一块风水宝地。

有一年夏天天气特别炎热，鱼沼飞梁桥边附近金人台上身披铁甲的晋祠铁人忍受不了这难熬的痛苦，独自走到汾河边，见一船家，便要求船家把他渡到对岸。

船家说："渡你一人，人太少，再等有无旁人。"

晋祠铁人说道："你能渡我一个，就算你有能耐啦！"

船家看了看铁人说："你能有多重，一艘船不止装一人，除非你是铁铸的。"一语道破了铁人的本相，话音一落，铁人立在汾河边，纹丝不动了。

船家抬眼一看，面前立着一位铁人，这不是晋祠的铁人吗？赶忙找了一些乡亲，把铁人抬回金人台。

圣母勒令手下将领，把铁人的脚趾上连砍三刀，表示对铁人不服从戒律的惩罚。铁人的脚上从此留下了三道刀的印痕。

知识点滴

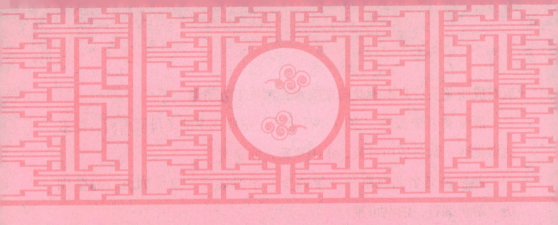

鱼沼飞梁的建构与美誉

晋祠里面既然汇聚了有名的泉、潭、池，可谓是福水长流。有水便有桥，晋祠的修建者也把里面的桥修建得巧夺天工一般，真是名水

配名桥。

　　晋祠里的桥被称为鱼沼飞梁。北魏文学家郦道元的《水经注》中记载：

　　　　枕山际水，有唐叔虞祠，水侧有凉堂，结飞梁于水上

　　　　山海经曰："悬瓮之山，晋水出焉"……后人……蓄以为

　　　沼……结飞梁于上。

　　这段描述说明了鱼沼飞梁是建造于北魏之前的，可能是后来经历了经过毁坏与重修才又完整地保留了下来。其中北宋年间就有一次重建的记录。

　　在1023年至1032年，宋徽宗为追封唐叔虞为汾东王，并为他的母

亲建造了宏伟的圣母殿，同时利用殿前的泉水筑了砌石泉池，并在上面修建了一座十字形桥梁，据推测应该是在原来的基础上重修的。

因为古时候人们以圆形为池，方形为沼，因方形的沼池原为晋水第二大源头，流量甚大，游鱼非常地多，所以取名"鱼沼"。

人们又本着"架桥为座，若飞也"，以及"飞梁石磴，陵跨水道"说法，而且沼上架十字形板，桥沼内立34根约30厘米的小八角形石柱，柱头使用了明显卷杀手段，使柱头呈弧形，形成柔美而有弹性外观，石柱的顶架斗拱与横梁，承托着上面的十字形桥面，整个造型犹如展翅欲飞的大鸟，所以就叫作"飞梁"。也就是说此桥是建造在鱼沼上的飞梁，所以这座桥的建造者后来就称它为"鱼沼飞梁"。

鱼沼飞梁是一座精致古桥建筑。北宋时期与圣母殿几乎同时建造，它很大一部分是北宋时期间保留下来遗物。桥面呈十字形形状，东西长19.6米，宽5米，高出地面1.3米，前后与献殿和圣母殿相接，南北桥面长19.5米，宽3.8米，左右下斜连到鱼沼岸边。

鱼沼飞梁的桥梁的周围插着一排大小一致的勾栏，这些勾栏可以用来围护沼池，又能用来供行人扶靠，保证行人的安全。

鱼沼飞梁的南北桥面的两侧，原来各有石质卧狮一对，后来只留下东北和东南端的两个。这两对卧狮造型生动，都在和身边自己的幼狮嬉戏打闹，西侧的这两对石狮应该是与鱼沼飞梁是同时的产物。

鱼沼飞梁东侧的这对铁狮原本是宋代作品，铸于1118年，一雄一雌，骨骼强健，造型生动，毛发拉直，威武而独特，也是古代的铸品佳作。

古代的桥梁大多数是一字形，只有鱼沼飞梁连通了沼池的两岸及四方结合成为十字形，所以在此举上可谓匠心独具。

鱼沼飞梁是我国少有的一种十字桥梁形式，在方形沼内，柱头置木

斗栱与梁枋，承石头桥板与石栏杆，石桥面中高两侧面低，木斗栱与梁枋改变了石桥面的推力传递方向，使重量垂直传到桥柱上，桥柱从梁枋荷载角度分布间距宽窄不等。

鱼沼飞梁桥梁充分利用材质在三种环境中的特长，石柱在水中耐腐，木材具有韧性与塑性，石桥板耐磨、防火，达到了桥梁坚固、美观、耐久效果。鱼沼飞梁凝集了中华民族古代劳动人民的辛劳与血汗，更是智慧结晶，由于年代久远，被称为我国古代最早的十字桥。

十字飞梁的形制构造是我国保存下来的古桥中仅有的一例，因而极为珍贵。

卢沟桥

    卢沟桥始建于1189年，坐落在北京西南约15千米处永定河上。大桥全长266.5米，宽7.5米，下分11个涵孔。桥身两侧石雕护栏各有望柱140根，柱头上均雕有卧伏的大小石狮共501个，神态各异，栩栩如生。

    卢沟桥两旁有281根汉白玉栏杆，每根柱头上都有雕工精巧、神态各异的石狮，或静卧，或张牙舞爪，更有许多小狮子，千姿百态，数之不尽。民间有句歇后语说："卢沟桥的石狮子——数不清"。

    世界著名旅行家马可·波罗在他的游记中称赞卢沟桥是世界上最好的、独一无二的桥。

神仙老汉帮建卢沟桥

传说很久以前，永定河上没有桥，来往的行人都要坐船过河。在河畔的沿岸住着一个姓卢的青年，整年靠摆渡为生。

因为他出生时正好赶上永定河发大水，结果把他家门前冲出了一道沟，所以父母就给他起了个名字叫"卢沟"。

卢沟长大后长年在河上摆渡，经常见到河中恶龙闹水，恶龙一闹起来，行人就无法过河。卢沟后来就琢磨着要想出一个好法子来，既能镇住恶龙，又能方便过往的行人。

有一年夏天，又赶上恶龙闹水，卢沟只得收了渡船，在家歇息。这时，来了个老汉要过河，说是有急事，求卢沟无论如何要送他一趟。卢沟无奈，只得硬着头皮撑船下河。

说来也怪，卢沟的小船所到之处，风平浪静，没有一丝浪花，卢沟正在纳闷，就听得老汉说："这河面上要是有座桥，恶龙就不敢这么胡闹了。"

刚说完，老汉就不见了。卢沟愣了一下，接着一个劲儿地揉着眼睛，他心想，是碰见神仙了吧！打这儿以后，一心想着在渡口修座桥。

于是，卢沟每天摆渡完后到西山去伐树，凑在一堆，就扎成一排顺河放到家门口。就这样，卢沟用了整整一年工夫，终于在河上架起了一座大木桥。

木桥架好后，乡亲们都挺高兴，可恶龙生气了。恶龙来到桥下，用自己的身子缠住桥桩用力拉拽，然后再一撞，木桥就被拱倒了。大木头顺水而下，一会儿就没了影。

卢沟看到木桥被毁，非常生气，他决定索性不摆渡了，开始在岸边烧起砖来。他用了三年工夫，又在永定河上修起了一座砖桥。卢沟心想，这下子可不怕恶龙再来拆桥了。

谁知道恶龙又来了，它在桥墩下又撞又晃，桥没倒。恶龙又弓着背往上拱，砖桥吃不住劲了，"轰"的一下倒下了。卢沟这回伤心极了，只觉得眼前一黑，他昏了过去。

当卢沟醒来时，他看见那个他曾经送过的神仙老汉正站在他面前。见卢沟睁开眼了，老汉就对他说："好孩子，有志气，让我来帮你建一座大石桥吧！"

说完，老汉就领着卢沟来到西山，指着那些大石头说："你把这

些石头凿出810块大方石，140根石柱子吧！"

卢沟拿起老汉给他的大锤和凿子，二话没说就干了起来。老汉指点了几天，见卢沟的手艺练得差不多了，就告诉卢沟凿完后到云水洞去找他，说完就走了。

卢沟没日没夜地干了起来，头碰破了、手震裂了也不停锤，整整干了三年，才准备齐石料。

卢沟又到云水洞去找老汉，老汉告诉他，让他再把洞外的十个山峰削下来，凿成十把石剑。

这活可就更难了，卢沟用了足有100天，才凿出十把两面尖尖的大石剑。

当石剑凿好后，老汉这次又告诉卢沟，再凿出490只大小不一的石狮子和四头大象来。

卢沟还是没说二话，干了起来。这次用的时间更长，用了五年时

间才把石狮子、石大象凿完。

老汉这次没等卢沟找，他就自己来了。看着卢沟凿出的石料，他满意地笑了，对卢沟说："好孩子，太辛苦你了，要不是我这些年拖累你，你早该成家立业和儿女满堂了。不过你干的是件大事，后代儿孙知道了，也会感激你的。你去吧！现在可以建桥了，我太老了，就叫石狮子和石大象去帮助你吧！"

说着，老汉挨个儿拍了拍石狮子和石大象，那些石狮和石大象突然活了，它们帮助卢沟把石料全部运到了永定河边。卢沟喜出望外，连夜指挥石狮和石大象建桥，一夜之间，大石桥就建成了。

卢沟激动得流下眼泪，当地百姓们也敲锣打鼓赶来庆贺。那恶龙可气坏了，怒气冲冲地赶到石桥下，使劲用身子缠住桥墩又摇又掀。

恶龙没有想到，这次的桥墩是用石剑做的，一下子刺得它鲜血淋漓，疼得上蹿下跳的，这一下可麻烦了，平坦的桥面被拱弯了。

那490只石狮一看大事不妙，就连忙跳上了桥栏杆，压住了桥身。有的跳得慢点，没地方了，只好几只挤在一起。

恶龙的身子被压了下来，可是心里还不服气，它就把身子猛地伸直了往两边撑，就想把石桥头挤掉在水里。石大象一看急了，马上扑上去顶住了桥头。恶龙又气又累，吐了几口黑血，便死去了。

从此以后，这座大石桥就成了拱桥，桥栏上站满了石狮，桥头还有石大象顶住，非常地坚固。当时皇帝看了非常高兴，就赐名叫"广利桥"。

可是，人们为了纪念卢沟，都叫它"卢沟桥"，并一直流传着。而那位神仙老汉呢？人们都说他就是鲁班爷。

知识点滴

据说从前永定河只有一个渡口，有个姓卢的山西人在渡口附近经商，生意非常兴隆。

有一年秋天，他带着钱财，搭乘田氏的摆渡船准备回老家探亲。谁料田氏见卢钱财不少，顿起歹心，将卢氏翻入永定河中淹死了，将银元据为了己有，也经起商来。

第二年，田氏生了个儿子，在儿子十岁时，每天要打田氏三个嘴巴，不让打就哭闹不止，田氏十分懊恼，求教于老和尚。

老和尚对田氏说，你这儿子是被你害死的卢氏转世而来的，与你算账来了。

田氏一听，求老和尚开恩救命。老和尚说："救你不难，只要你把劫走的钱财都拿出来修座桥就可以了。"

田氏连忙请了不少工匠在渡口修起了一座桥。田氏又向老和尚讨教桥名，老和尚微笑着说："你这是还卢氏的账，我看就叫卢沟桥吧！"

金朝两代帝王令建桥

　　永定河原名叫"卢沟河"，因为水浑浊乌黑，流速湍急，有诗人形容它"其急如箭"。在古代，由于人们以黑为卢，所以卢沟河又叫

"黑水河"。

卢沟河的河水发于太原的天池，经过朔州、雷山后，合并为桑干河，再汇合成雁门、云中诸水，过怀来，流经土质疏松石景山地段，携起大量泥沙。

卢沟河再经大兴、东安、武清流入白河，之后也曾多次改道。北宋文学家苏轼曾在一首诗中说道：

　　······

　　盖桑干下流为卢沟，

　　以其浊故呼浑河，

　　以其黑故呼卢沟。

那时候，卢沟河水经常泛滥，据史料记载，在1185年5月，卢沟河

在上阳村决口。皇帝随即下令，派遣金中都150千米以内的民夫全去堵塞，可惜后来河水又再次决口。

卢沟河是北京的母亲河，它孕育了北京城，京城内的水系也得益于它，同时对它的泛滥十分敬畏，历朝历代都想尽了办法治理它。

611年，隋炀帝就派遣了诸将领，在蓟城南桑干河上，建筑了社稷两坛。1161至1189年建造了卢沟河神庙。1436年至1449年，在堤上建起了龙神庙。

1698年，圣祖仁皇帝动用国库资金重建龙神庙，敕封永定河神。河神庙内后殿恭悬皇上御书匾额：永佑安澜。庙匾额为：南惠济者。大殿上恭悬着圣祖御书匾额曰：安流润物。对联为：

巩固藉昭灵，惠同解阜；

馨香凭报祀，济普安恬。

　　卢沟河在此处也是商旅使者进京往来的重要渡口。1188年5月，皇帝下令建石桥。但是，桥还没有建成，金世宗便驾崩离世了。

　　1190年6月，金章宗见行旅中多有体弱多病者，水流又急，随即下命建造舟船，解决人们的交通问题。又施令建造石桥，于是在卢沟河上开始破土动工修建大桥。

　　1192年3月，大桥建成并投入使用。因为大桥处在卢沟河上，人们又叫它"卢沟桥"。

　　卢沟桥全长266.5米，宽7.5米，下分11个涵孔，中间大，两边小。桥身两侧石雕护栏各有望柱140根。每根望柱上雕刻数目不同的石狮。

　　特别是在栏杆望柱上雕刻的狮子，往往在大狮子的身上又雕了许多小狮子，大的十余厘米，小的仅几厘米。

　　它们三三两两，有的趴在大狮身上，有的伏在背上或头上，有的在大狮身上似在奔跑，有的则在大狮怀里嬉戏，有的只露出了半个脑

袋或一张嘴，有的在戏弄大狮的绒头和铃铛等。

由于石狮子的数目众多，在观赏或计数时，稍不留神便会漏掉。明代文人蒋一葵在其《长安客话》一书中，曾这样描述其情景：

左右石栏刻为狮形，凡一百状，数之辄隐其一。

明代末期，居京文人刘侗、于奕正在其所著的《帝京景物略》写道：

石栏列柱头，狮母乳，顾抱负赘，态色相得，数之辄不尽。

其实，大部分石狮是后来明清两代的原物，金代的很少，元代的也不多。后来对石狮统计过多次，各有不同。据最后一次统计的结果，共有大小石狮501只。正因为如此，人们面对叹为观止的大桥上的石狮留下了一句歇后语："卢沟桥上的石狮子——数不清。"

同一种动物，能变化出500多种神态各异的形象，每只栩栩如生，如此杰作必出自大师之手。

卢沟桥不仅造型美观，科学技术含量也很高。十座桥墩建在9米多厚的鹅卵石与黄沙的堆积层上，坚实无比。桥墩平面呈船形，迎水的一面砌成分水尖。每个尖端安装着一根边长约26厘米的锐角朝外的三角铁柱，抵御洪水和冰块对桥身的撞击，以保护桥墩。人们把三角铁柱称为"斩龙剑"。

桥墩、拱券等关键部位，以及石与石之间，都用银锭锁连接，以互相拉联固牢。这些建筑结构都闪烁着我国先民的智慧与创造。

古代的石桥，一般来说，桥面都要起拱，唯独卢沟桥，平坦笔直

卧于河上。世界著名旅行家马可·波罗在游记中称赞："它是世界上最好的、独一无二的桥。"

知识点滴

　　在明代，宛平城有一位官员对"卢沟桥的狮子数不清"的说法很不以为然。一次，他亲自坐镇桥头派了许多士兵去清点卢沟桥上的石狮。不料，两列士兵数了一遍又一遍，前后的数字却总是对不上。

　　这位官员很是恼怒，认为是"士兵无能"，他决定亲自弄个明白。待到夜深人静之时，他独自一人再次来到卢沟桥上。此时，天色朦胧尚未大亮，但是桥两边的狮子蹦跳往返，翻滚嬉戏，好不热闹。

　　此情此景，让这位官员看得目瞪口呆。突然间他好像悟出了一个"数不清"的缘由："啊！这卢沟桥上的狮子原来是活的啊！"

断桥

早在唐代，断桥就已建成，唐代人张祜《题杭州孤山寺》诗中就有"断桥"一词。

断桥位于浙江省杭州西湖的白堤东端，它是拱形独孔环洞石桥，长8.8米，宽8.6米，单孔净跨6.1米，保有古朴淡雅的风貌。

桥东堍有康熙御题景碑亭，亭侧建水榭，题额"云水光中"，青瓦朱栏，飞檐翘角，与桥、亭构成西湖东北隅一幅古典风格的画图。

在西湖古今诸多大小桥梁中，断桥名气最大，"断桥残雪"是西湖十景之一，断桥也被誉为"西湖三大情人桥"中最著名的一座。

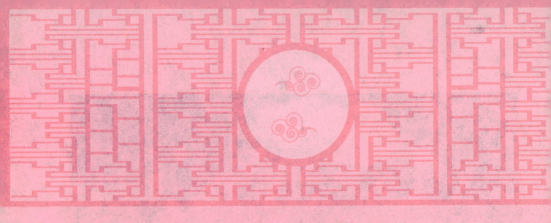

神仙助段家夫妇修桥

西湖断桥，最早也叫"段家桥"。之所以被称为段家桥是因为此桥是一对段家夫妇所修。

相传在很久以前，西湖白沙堤，从孤山蜿蜿蜒蜒到这里，只有一座无名小木桥，小木桥与湖岸紧紧相连。行人路过这里到孤山那边去经商、游玩，都要经过这座小木桥。日晒雨淋，桥板经常要被踩得断

掉，行人十分不便。

在小木桥的旁边有一间简陋的茅舍，里面住着一对姓段的夫妇。他们两人手脚勤快，以捕鱼、摆酒摊维持生计。但因酒味不佳，顾客很少，生意清淡。

一天晚上，夫妇俩刚要关门，忽然来了一个白发老人。老人说远道而来，身无分文，要求留宿一夜。

段家夫妇热情地留他住下，还烧了鲤鱼，打上土酒，款待老人。老人连饮三碗，便呼呼入睡了。

第二天白发老人临别时，给了段家夫妇三粒红红的酒药，使段家酿出来的酒，甜醇无比，香气袭人。从此以后，天天顾客盈门，都为此酒而来。

段家夫妇见生意兴隆便拆掉了茅舍，盖起了酒楼。而且还专门积蓄了一笔钱，准备好好答谢白发老人。白发老人没有收下钱，只是告诉段家夫妇，把钱用在最要紧的地方，向小桥走去。

段家夫妇将钱收起来，站在门口目送老人离开，不料老人刚跨上小木桥，脚下一滑，桥板断了，老人也跌进了湖里。夫妇俩跑去相救，却看到白发老人自立于湖面，微笑着向他们挥手呢！然后，老人忽然就消失了。

段家夫妇这才知道，白发老人原来是个神仙。两人想起老人临别说的话，计划将断掉的小木桥修建成一座石拱桥，以便利来往行人。

段家夫妇用自己的钱在桥断的地方修起了一座青石拱桥。从此，人们再不怕桥断了。当地人们为了记念段家夫妇的善行，便把桥称为"段家桥"。后来，因为"段""断"同音，便被称为"断桥"。

关于断桥的起源，人们还有的说是每当瑞雪初霁，站在宝石山上向南眺望，西湖银装素裹，白堤横亘雪柳霜桃。断桥的石桥拱面无遮无拦，在阳光下冰雪消融，露出了斑驳的桥栏，而桥的两端还在皑皑白雪的覆盖下。依稀可辨的石桥身似隐似现，而涵洞中的白雪熠熠生光，桥面灰褐形成反差，远望去似断非断，故称"断桥"。

还有另一种说法更有意境，因为《白蛇传》中相传许仙和白娘子缘断于此，所以名为"断桥"。

知识点滴

断桥上还流传着许仙和白娘子的动人爱情故事，也因为这个故事让断桥成为西湖上最著名的桥。

白娘子原本是山野中修炼的一条小白蛇，有一天，小白蛇被一个捕蛇老人抓住了，差一点遭遇杀身之祸，幸亏被一个小牧童所救。

经过1700年的修炼，白娘子终于化作人形，经观音菩萨的点化，来到杭州西湖寻找前世救命恩人小牧童……

清明佳节，烟雨蒙蒙，观音说"有缘千里来相会，须往西湖高处寻"。在杭州西湖的断桥上，白娘子终于找到了前世的救命恩人许仙，以身相许，结为夫妻。在经历水漫金山之后，又是在断桥邂逅重逢，再续前缘。

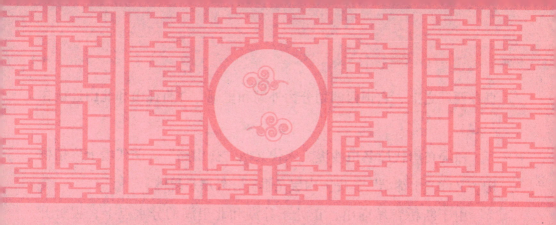

西湖断桥的历代美誉

段家夫妇的修桥事迹广为流传，其实真正的断桥位于杭州市西湖白堤的东端，它背靠宝石山，面向杭州城，是外湖和北里湖的分水点。

白堤全长1千米，东起断桥，经锦带桥而止于平湖秋月。白堤横

亘在西湖之上，它把西湖划分为外湖和里湖，并将孤山和北山连接在一起。

白堤在唐代原名白沙堤，宋代又叫"孤山路"。明代堤上广植桃柳，又称"十锦塘"。堤上内层是垂柳，外层是碧桃。

由于断桥背城面山，正处于外湖和北里湖的分水点上，视野开阔，是冬天观赏西湖雪景最佳处所。古代文人也自然少不了对断桥美景的描述。

最早记载"断桥残雪"的是唐代的张祜，他的《题杭州孤山寺》中提道：

楼台耸碧岑，一径入湖心，

不雨山长润，无云水自阴；

断桥荒藓涩，空院落花深，

犹忆西窗月，钟声在北林。

　　张祜诗中的一句"断桥荒藓涩"，从中可以知道断桥是一座苔藓斑驳的古老石桥。大雪初霁，原来苔藓斑驳的古石桥上，雪已残而未消，难免有些残山剩水之感，于是就拟出了"断桥残雪"这一西湖难得的景观。

　　断桥之名得之于唐代。宋代的时候断桥叫"宝佑桥"。

　　关于断桥的诗篇有很多，据明代散文集《西湖游览志》所说，断桥在元代并不这么称呼，因为此桥是桥畔住着的一对以酿酒为生的段姓夫妇所建，所以称为"段家桥"。

　　地处江南的杭州，每年雪期短促，大雪天更是罕见。一旦银装素裹，便会营造出与常时、常景迥然不同的雪湖盛况。

　　所以后来的断桥残雪成了最著名的西湖十景之一，是西湖冬季的一处独特景观。

　　每当瑞雪初晴，如站在宝石山上眺望，桥的阳面已冰消雪化，所以向阳面望去，"雪残桥断"，而桥的阴面却还是白雪皑皑。

　　来至断桥上往西，往北眺望，孤山、葛岭一带楼台上下，如铺琼砌玉，晶莹朗澈，有一种冷艳之美。故从阴面望去，"断桥不断"。

　　后来断桥改建，桥东有"云水光中"水榭和"断桥残雪"碑亭。

最后的一次重建后的拱形独孔环洞石桥，长8.8米，宽8.6米，单孔净跨6.1米，曾经大修，但古朴淡雅的风貌基本未变。

桥东堍有清代康熙御题景碑亭，亭侧建水榭，题额"云水光中"，飞檐翘角，与桥、亭构成西湖东北隅一幅古典风格的画图。

断桥残雪景观内涵说法不一，一般指冬日雪后，桥的阳面冰雪消融，但阴面仍有残雪似银，从高处眺望，桥似断非断。每当大雪之后，红日初照，桥阳面的积雪开始消融，而阴面还是铺玉砌玉，远处观桥，晶莹如玉带。

伫立桥头，放眼四望，远山近水，尽收眼底，给人以生机勃勃的强烈而深刻的印象，是欣赏西湖雪景之佳地。断桥残雪是西湖难得的景观，"西湖之胜，晴湖不如雨湖，雨湖不如月湖，月湖不如雪湖。"

知识点滴

断桥是西湖中最出名的一座桥，是西湖三大情人桥之一。它的名字与我国民间故事《白蛇传》中缠绵悲怆的爱情故事联系在一起。

白娘子与许仙相识在此，同舟归城，借伞定情；后又在此邂逅，言归于好。

越剧《白蛇传》中白娘子唱道："西湖山水还依旧……看到断桥桥未断，我寸肠断，一片深情付东流！"历来催人泪下，让人闻听此桥都能产生无尽的追思。

彩虹桥

　　江西省婺源彩虹桥修建于1137年，它建在古徽州清华镇。全桥长140米，桥面宽3米多，四墩五孔，由11座廊亭组成，廊亭中有石桌石凳。从远处看，亭略高于廊，错落有致。

　　彩虹桥因为唐诗"两水夹明镜，双桥落彩虹"而成名。传说，桥落成之日，有彩虹悬于蓝天，双景竞相媲美。

　　彩虹桥周围景色优美，青山如黛，碧水澄清，坐在这里稍作休息，浏览四周风光，会让人深深体验到婺源之美。正因为这样，彩虹桥被誉为我国"最美的廊桥之一"。

二胡合力共筹建彩虹桥

　　传说古徽州这个地方，自古以来就有做善事的习俗，如修桥、铺路、建亭子等。一开始人们在鸳鸯湖上游40米左右的地方建有一座独木桥。

　　但独木桥一年当中好几次被洪水冲毁，给过往的行人、劳作的村

里人带来很大的不便。

在鸳鸯湖不远处，这里有一个清华村，里面住着一位出家的和尚胡济祥和一位建筑能人胡永班。他们两人都很想为清华人建一座永久性的桥。

胡济祥和胡永班两人便在村镇上发动人们捐资来筹建大桥，但是村里的人们都比较穷，建桥的事毕竟需要巨资，一时半会也凑不齐。无奈之下这事只好暂时搁浅，但两人都没有放弃建桥的想法。

很快和尚胡济祥便想到去远方比较富的地方化缘募集筹集资金。胡济祥开始云游四海，用三年多的时间化缘，终于筹集到足够多的善款，大桥可以开工建设了。

然而建桥的过程中还是会遇到许多困难，建一座大桥不仅需要请工匠，还要选择好的石料和木材，不然这桥就不会坚固。

当然，胡济祥和尚将这个任务交给了能人胡永班。然后由他请来一批能工巧匠来进行桥梁工程的设计、建造。

胡永班在建桥方面也是个经验丰富的能手，在他的主持下，和其他的工匠们一起齐心协作，历时四年多的时间终于完成这项浩大的建造工程。

　　大桥在建造的过程中的困难也一一被胡永班一帮人攻克，然而还有一个问题，建成的桥该取个什么名字呢？胡永班和胡济祥两人，便邀请了清华村里的许多文人墨客，来商议此事，人们都想给桥取个内涵丰富的名字。

　　然而，婺源人自古不喜欢简单地用地名命名桥名，而且几乎所有的古桥都有一层美好的寓意。因此人们思来想去，不知道取啥名字好。许多人都给大桥取了不同的名字，无一被村里人认可。

　　大桥马上就要竣工了，大家纷纷都赶到桥头来观看，就在大桥封盖完最后几片瓦后，傍晚时分，西边的山背上出现了一道亮丽的彩

虹，夕阳透过云层，倒映在水中，构成了一幅美丽的山水画。

　　彩虹桥从和尚化缘到建成，历时近十年，在完工时，雨过天晴，西边挂了道亮丽的彩虹，当地人认为这是绝好的兆头，因此命名为"彩虹桥"。

　　和尚胡济祥和能人胡永班立即叫村里人燃放爆竹庆贺，彩虹是清华人心目中吉祥、美丽的象征，几乎所有

　　的人都认为桥名取彩虹桥最为恰当，因此它就这样流传下来了。

　　彩虹桥这一名称寓意着，凡过往的行人、商旅踏上此桥，如同登上吉祥、美丽的彩虹，终身有个好运气，也寄托了古人的祝福。

　　后来人们为了纪念两位建桥者的功绩，便在彩虹桥的中间亭子设立了神龛，用来表示永世不忘。

　　神龛上右边供奉着募化僧人胡济祥神位，左边为创始理首胡永班神位，中间是禹王神位。

　　为什么这里立禹王的牌位呢？

　　当地人认为禹王是镇水的神仙，也是胡氏的始祖，有他在，可以镇住洪水，保护古桥。

　　彩虹桥廊亭中有长条木凳，还有石凳，可供行人歇脚。彩虹桥旁的水碓作坊，演示着清华镇人利用水能带动水车舂米、磨粉的场景。

　　除了领略美景外，古代的学子们，每逢进京赶考，一定要上彩虹桥走走，上彩虹，企盼平步青云上彩虹，期望高居榜首，踏上仕途，光宗耀祖。

　　而临行前的徽商们，也一定要走走彩虹桥，寓意着这一去一定是生意红火，希望能早日衣锦还乡。

　　彩虹桥的神灵为何物？据说是一只可爱的小铁水牛。

　　婺源人在古代建桥有个习俗，建桥墩时，在临水的侧面会镶嵌进一头铁铸的水牛，以镇住洪水，保护桥墩。

　　彩虹桥第三个桥墩，至今依然完好地保存着一头铁牛：牛头伸出石缝，警惕的双眼，注视着流经的每一次洪水。

　　800多年来，仿佛怒吼着同一个声音：洪魔让道！

　　据说，这800多年的小水牛是有灵性的，见到、触摸他，可保人健康、平安。

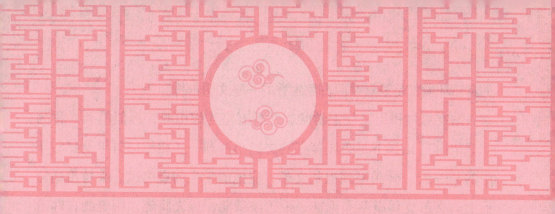

婺源彩虹桥的构建之美

　　婺源彩虹桥，历史悠久，近千年的水碓作坊，演示着古人利用水能带动水车春米、磨粉。一道简单不起眼的石碣（石坝），几百年来保护彩虹桥周边的生态环境，被誉为"生态保护神"。

　　彩虹桥是文化与生态、动与静、休闲与娱乐相结合的一个桥梁。彩虹桥有厚重的桥文化，历史古迹及古人留存的生产工具，又有生态较好

的自然环境，是最具婺源古色生香的一座文明古桥。

站在彩虹桥上，往上游眺望，有五座连绵山峰，形似笔架，称为"笔架山"。山脚下是碧波荡漾的文彭小西湖——相传1551年至1567年中的某一天，吴派篆刻祖师文彭，应他的学生何震之邀，乘竹筏逆流而上。文彭、何震两人见这一带碧波潋滟，风光旖旎，蜿蜒的古驿道在千年的古林中延伸，旁边的庙宇、村落、古桥、河道构成一幅美丽的山水画卷，文彭便情不自禁地赞叹："此乃小西湖！"

文彭想都没想，找来雕刻的工具，欣然地在彩虹桥下的临水石壁上题刻上了"小西湖"三个字，该湖也因此而得名。

婺源有一种颇有特色的桥那就是廊桥，所谓廊桥就是一种带顶的桥，这种桥不仅造型优美，最关键的是它可在雨天里供行人歇脚。

宋代建造古桥，要属婺源廊桥中的彩虹桥是最有代表性的杰作。这座桥是借由唐诗中的"两水夹明镜，双桥落彩虹"的意思而取名。

彩虹桥桥面木质部分，是从桥的延续性、长远性来设计思考的。

在工程构造方面，又从经济、结实、耐用、便于维修的角度去做的。

彩虹桥乍一看，结构简单，做工粗糙，榫头与榫头之间的缝隙大，长廊都不在一条直线上。这说明了建筑此桥时对木匠的要求水平不高，彩虹桥是普通木匠所建。

修建彩虹桥的人之所以这样做，也可能是从最经济的角度考虑的，比如说桥坏了，可以用最低的价钱，随时能找到维修的木匠。

婺源有钱人的房子、祠堂，建造得都十分气派，足见这座桥显然请的不是当地有名的工匠来修的。桥是要世代的子孙行走的。因此桥的建造者想必是处心积虑，才使得这座桥完整地留存了下来。

尽管彩虹桥是普通木匠所建，但此桥所体现出的艺术风格却是古朴厚重，历史感很强。

整座桥，都是为了便于维修，所以化整为零的，彩虹桥的每个亭、每个廊都是独立的，这样做不会因为一处坏了而影响到整座桥的使用。

彩虹桥榫头之间的固牢不用铁钉，全部用木钉。其实使用木钉，

成本低，便于加工。铁钉用在桥上，容易生锈，而且与木头结合在一起，人在桥上行走，桥体会发生振动，铁钉会把木头磨损，桥就容易松动。

彩虹桥用木钉固牢显然是正确的，木头是同一属性，在振动中，伸缩相同，所以几百年过去了，榫头之间依然紧密牢固。

彩虹桥的桥梁是用百年以上的四根老松树加工而成，上面铺上木板供人们行走。桥面的木质部分，一般只能保存上百年，所以，彩虹桥历代都被人们维修过。

彩虹桥最大的特点就是设计非常科学。

第一，桥墩像半个船形。前面锋锐，后面平整，呈流线型，起到分解洪水对桥墩的冲击力的作用。

彩虹桥正是由于科学的设计，才能保留了桥的完整性不被破坏，历史上曾记载，最大水位接近桥面，当时洪水汹涌，假如墩头是平面的，桥早已被洪水冲毁。

第二，桥墩之间距离不等。墩距的最大跨度为12.8米，最小的9.8

米，相差3米。这种设计是根据汛期洪水的走向确定的。

主流量经过的地方墩距较大，有利于泄洪，桥墩受到的冲击也小；水流平缓的地方，墩距较小，受到洪水的冲击力也相对小些。

第三，条石之间的砌法是很讲究的。桥墩是用长短大小不一的条石相钳在一起，缝隙小，结合得非常牢固。这是因为桥墩内部是用砂石填充的，一旦条石出现缝隙，长年被洪水冲击，很容易拉大口子，砂石被淘空，桥墩就会倒塌。

因为要修复一个桥墩难度特别大，桥墩的最大水深有四五米，在当时落后的生产条件下，要清到岩基，将上百斤或成吨的石块砌好，就排水一项，要用十多台农用水车，昼夜不停抽水，方能清到岩石砌条石。

因此，当初的建造者，想把桥墩做好后，永远不再重修，做到一劳永逸。桥墩是整座古桥的最坚固部分。

彩虹桥的魅力，不仅在于桥体与青山、碧水、古村、驿道的完美结合，而且更重要的体现在建造的生命力。彩虹桥科学合理地选择了建桥的地理位置，桥建在最宽的河面上。

彩虹桥的桥墩设计成分解洪水冲击力的半船形桥墩。根据洪水主流速桥墩之间的分布也呈现出不同的变化。

此外，彩虹桥的条石砌法的紧密牢固，以及桥面设计理念的长远、实用，易于后人维修，都充分体现越简单实用的工艺越容易传承、延续的哲学思想。

彩虹桥是古徽州最古老、最长、设计最科学的一座廊桥，被誉为"我国最美的廊桥之一"。

彩虹桥的西岸是通往饶州府的古驿道，桥10米远处有条4米宽的小河沟，古人建造了一座石拱桥，取名"登云桥"，即登彩云的桥。

彩虹桥与登云桥一高一矮、一大一小的连接，解读了古徽州桥名文化的精髓：祈盼吉祥、发达，达到人生的最佳境界，无论读书、做官、行商，还是做其他事。

登云桥的寓意是登青云，它是指踏上一道吉祥、美丽的彩虹，飞黄腾达，何等风光、潇洒、光宗耀祖……

彩虹桥与登云桥，两桥桥名的巧妙组合，正是古人对子孙后代的祝愿、祈盼。

江东桥

福建省漳州江东桥最开始修建于1190年至1194年间，由郡守赵逖伯在福建九龙江北溪下游建造浮桥。

江东桥正式修建于1214年，由郡守庄夏开始建筑石墩木桥。后来在1237年木桥被火烧毁。再由漳州郡守李韶倡议改建石桥，长约670米，宽约7米左右。全桥共有桥孔15道。

江东桥的石梁每条长22米至23米，宽1.15米至1.5米，厚1.3米至1.6米，重达近200吨。这是桥梁建筑中的伟大创举。

神虎负子渡江助建桥

古时候，在福建的漳州有一段溪流，人们叫它"柳营江"，其实原来就是一个通往外埠的渡口。后来渡口成了东西的重要通道，也是唐代特别是宋代以来泉州府通向漳州至广东的咽喉之地。

在早年的时候，来往的人们只能靠摆渡过江，过往非常不方便。于是在1190年至1194年之间，由当时的漳州郡守赵逖伯主持，在这里用船连船的方式建造了一座浮桥。

功夫不负有心人，建好后的浮桥，的确给当地来往的人们带来了极大的便利。但是这种浮桥非常地不稳定，而且渡口的风大浪大，稍有不慎，便会连人带船卷入江中。

而且，人们在浮桥上行走时总是摇摇晃晃的，这令过江的人们无不胆战心惊，因此，这里也经常发生行人坠江的事故。这种情况一直持续至1213年。

1213年，有一位叫庄夏的人开始出任漳州知府。庄夏在任漳州知府期间，内重教化，兴办学校，减轻赋税，政绩非常的卓著。

庄夏出生于1155年，少时丧父，家贫，随兄庄晦学习。他年少时便精通礼经，郡上有一位有学问的人对他宠爱有加，勉励他入学，于是在1175年入太学就读，1181年中了进士。

当了漳州知府的庄夏知道了江口渡口的危险情况后，便第一个提出，要将浮桥改为固定的桥梁。庄夏先是向朝廷申请了建桥资金，并利用民间的募捐，筹到钱后就开始建造大桥。

庄夏先是在四周招来了大量的能工巧匠，然后他就开始主持来施工建桥，他们先是垒石为墩。

在庄夏指挥工匠们建筑桥墩的过程中，他们遇到了非常大的困难，因为当时柳营江的江水水深流急，抛石都被冲散了，工匠们连续试了多次都迟迟未能奏效。

一时间，工匠们心急如焚，不知如何是好。

有一天傍晚，庄夏和工匠们正在江边休息，这时忽然发现有一只老虎背着一只小老虎在柳营江中泅水而过，泅过一段激流后，老虎就停下来歇息，再泅再歇，终于将虎子安全地驮过了江。

这时一位工匠大叫神奇，在呼喊声中，庄夏幡然醒悟，他意识到，想必在虎歇处，一定有石阜垫底，随即喊了几位会水的工匠到江底勘探，果然不出所料，在虎泅水的江底有非常高的石阜。

于是，庄夏随即命令众工匠沿着虎泅一线选址造墩，在虎歇处投

巨石垒筑桥墩，没想到这次的行动一举成功。然后，人们又在石墩上搭建长木，终于造成了第一座固定的石墩木桥。

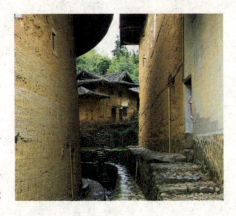

一开始人们不知道给这桥取个什么名字，后来人们在石墩木桥上加盖了木瓦顶，为了让此桥能够济世利民，所以取名为"通济桥"。

当地的人们都知道建成此桥，是由于是受到"神虎负子渡江"的启示，于是取了"虎渡"两字，将此桥称为"虎渡桥"。

神虎负子的故事，在江东一带广为流传，以至于后来的人们都将此桥赋予了神话色彩，称它为"江东一带的奇桥"。所以人们都将此桥视为江东人民的骄傲，因此，后来人们也称它为"江东桥"。

其实这时的江东桥还只是一座石墩木桥，并非后来的江东大石桥，人们所指的江东桥一般是后来建成的大石桥。

传说，福建安溪清水岩住着个神仙清水祖师。一天，清水祖师正在吃饭，忽然将筷子叉住，大汗淋漓，徒弟惊问其故？

清水祖师回答说："江东桥民工抬石桥梁的箩绳一共三股断了其中两股，如果不及时抵住，后果将会不堪设想。"

又过了一会儿，清水祖师微笑说道："石桥梁已经安位落座，我可以无忧了！"

原来江东桥修造正处关键时刻，险情不断，幸亏高僧及时出手鼎力相助，方才化危为安。

知识点滴

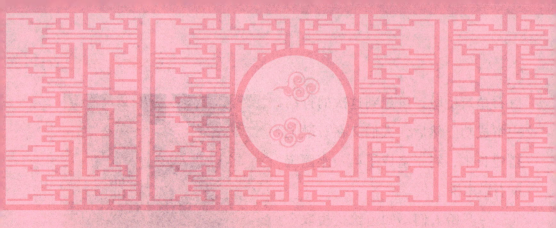

江东桥的建造奇迹

"神虎负子渡江"造桥的故事只是一个美丽的传说，其实也是对当时人们的建桥技术高超的一种赞美。

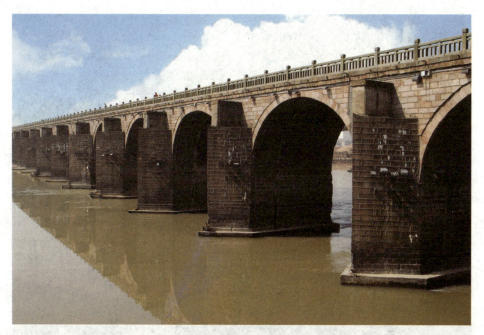

其实真实的情况是这样的，1214年，郡守庄夏开始在这里垒石为墩，建造大桥，此时的桥还只是一座石墩木桥，当然后来的木桥建好了，也为人们带来了便利，但是木桥的负荷能力是有限的，以至于大的货物经常不能通过。

1237年，刚建好不久的木桥就被大火烧毁了。这时漳州郡守成了李韶，李韶上任后便倡议将虎渡桥改建为大石桥，并捐了自己的50万钱以示决心。

李韶的建议很快便得到了附近的吏部尚书颜颐仲和前郡守庄夏之子梦说哀的支持。他们联合恳请朝廷再拨库钱万缗，并且发动和尚廷睿师徒四处募款来助资建桥。

后来虎渡石桥的建桥一事由郡人陈正义来接手主持。在陈正义的带领下，工匠们用了三年多时间，花钱30万缗。终于造成了一座坚固无比的大石桥。

它位于福建省漳州榜山镇，横跨于九龙江的北溪与西溪交汇入海处。这里两岸峻岭夹峙，江宽流急，地势十分险要，古时候的人们都称它是"三省通衢"。

由于水湍地险，所以对于江东桥的建造在当时来说简直是个奇迹，而且江东桥历经数百载一直保存了下来。尽管江东桥在元明清等各代，也经过多次的修建，但一直都可以正常使用。

关于江东桥的修缮，其中有记载的共有十余次，特别是1537年，由大巡李翔谋划来修建石梁桥，由郡守孙裕组织施工，没过多久，孙裕因为调任所以桥并未最终建成。

后来又过了两年，就是1539年由代巡侍卿王石沙再拨帑兴修，并由郡守顾四科招募了大量的民工来施建，经群众努力，又隔了一年的冬天，新建的石梁桥才终告落成。

建成后的江东桥的石梁每条长22米至23米，宽1.15米至1.5米，厚1.3至1.6米。这么大的石板要架起来，并用细的石板来添满其缝隙。最后建成的桥梁长约670米，宽约7米。

江东桥自建成以来，几经兴废，历经多个朝代，历时700多年。它是一座巨大石梁桥，仅是有三个墩间的两道巨石平铺而成，中间留有很宽的缝隙用来增大桥的宽度。然后用板石掩在它的缝隙里，这样的桥梁看似构造简单，却又异常地坚固耐用。

尤其值得一提的是，桥墩上的梁石最重近200吨，在古代要开采如此巨大石梁，其难度是难以想象的。而且用什么办法、什么工具将如此石梁运至江边，架上桥墩的呢？

后人一直考量梁石究竟是怎么安装上去的，但对于今人这还是个谜，不过，这足以见得当时造桥技艺之高超。

　　像这样"上重下坚，相安以固。涨不能没，湍不能怒，火不能热，飓不能倾。锁沉石以利行人，维两峡而捍固内气"，实是我国建桥史上的奇迹，充分显示了当年漳州人民在石建筑方面的高超技艺和宏大气魄。

　　由于江东桥的地理位置得天独厚。再加上这座江东桥的建筑技术在当时来说也是首屈一指的，是极其少有的石桥，它的建成在我国桥梁史上久负盛名，堪称我国古石桥建筑的一大奇观。

　　江东桥与泉州的洛阳桥、晋江的安平桥、福清的龙江桥合称为"福建四大古石桥"。

　　清代顾祖禹《读史方舆纪要》称："江南石桥，虎渡第一。"

　　的确如此，根据古籍文献之记载和实际调查所得资料，其构造雄伟，石梁庞大沉重者，当以福建漳州虎渡桥（即江东桥）为第一。

八字桥

　　我国有两座有名的八字桥，一座位于江苏省兴化，是跨南北流淌的北市河上的单孔花岗岩石桥；另一座八字桥位于浙江省绍兴市，是绍兴著名的桥。

　　浙江省绍兴的八字桥始建于1201年至1204年期间，两桥相对而建，倾斜相靠，形状如八字，所以叫"八字桥"。后来八字桥在1256年重建。

　　八字桥作为我国最早的"立交桥"，赢得了普遍的赞叹。

八仙助杨老人修桥

传说以前的八字桥，是由八块石头组成的一座石板桥，因为形状像"八"字而得名。又因为桥走八步就可以通过，也有人称其为"八步桥"。桥下的河只不过是一条穿城而过的河沟，河东有一座东岳庙，北面是东寺桥，桥西有一条老街。

很早以前还没有八字桥的时候，河东面的人到老街要转一大圈，非常不方便。

老街上住着一个姓杨的老人，虽然他的头发胡子全白了，但身体却非常健壮，也没有人说得清楚他到底有多大岁数。

杨老人有着一手刻章

的本领，因此在当地小有名气，也靠这一手艺赚了不少钱。杨老人由于年轻时受过穷苦的日子，所以一心想着为穷人多做些好事。

于是杨老人经常为镇上的人们做善事。

有一天，他在河边散步的时候，见有许多的穷人每天都吃不饱饭。于是，杨老人便干脆每天一早就在自家门口支起一口大锅，煮上一锅稀饭来接济周边的穷人。

因为杨老人的乐善好施，一心向佛，所以生意也做得特别红火，找他刻章的人也越来越多，赚来的钱就接济村里更多的穷人。后来，他的名声也越来越大，据说都传到了天庭里。

有一天晚上，杨老人刚要睡觉，突然听见敲门声，打开房门一看，门前来了八个人，有七男一女。

其中领头的是一个骨瘦如柴的老头，只见他倒骑着毛驴，捋了捋自己的胡子，然后笑着对杨老人说："我们一天没有吃饭了，能不能讨点稀饭喝呢？"

杨老人见此情景二话没说，忙放下手中的活计对他们说："好的好的！你们稍等片刻，我这就去准备饭去，大家请先进来歇歇。"

说完，杨老人连忙去里屋准备食物，他把家里所有能吃的东西都拿出来放在桌上，然后请八个人吃。八个人一点也不客气，狼吞虎咽就把桌上的食物吃完了。

其中一个女的对杨老人说："老人家我们吃你的东西，身上没有带银子，我们可以帮你做一些事情好吗？"

杨老人乐哈哈地说："只要你们吃饱了比什么都好，不要提银子的事了。天也不早了，你们今天就住我这里吧！"

第二天一早老人像往常一样支起大锅烧起了稀饭，那八个人也早早地起来在一旁，看着杨老人一舀一舀地给穷人盛稀饭。八个人中一个身背酒壶的拐子，笑眯眯地对老人说："老人家你这么做好事接济穷人是为什么呀？"

杨老人叹了口气说："这些年我们这个地方老受灾，这些人很可怜，不比我这个做手艺的，不能看大家都饿着肚子吃不起饭吧！我反正是一个人，能多为他们做点好事就多做点。只是可怜河东面的人了，他们一大早就要转一圈才转到我这里。要是这里有座桥就好了。"

背酒壶的拐子哈哈笑了起来，老人家这事包在我们身上。只见八个人像变魔术一样，手一招从天上落下八块石头，不偏不歪形成一个八字桥。

　　杨老人还没看明白，忽然见飞来八朵祥云，八个人向老人挥了挥手，登上祥云飘走了。当时人们称八字桥为"八仙桥"。

　　过了几年，穷人们发现姓杨的老人走了，不知到什么地方去了。有人说他被神仙带走了，到仙界去了。穷人忘不了杨老人的恩德，在八仙桥下建了座小庙纪念他。

　　因为杨老人刻字为生，所以后来的八仙桥改名为"八字桥"，一直流传了下来。

　　明末清初，有个八字先生白天在桥边摆摊。这天桥头突然出现八顶轿子，原来这八字桥下面是余家坝，余家老爷要做60大寿，其在外为官的子女就坐轿回家。

　　前来拜寿的这行人个个趾高气昂的，当他们浩浩荡荡的行到桥前，由于八字先生避让不及，被最前面开道的马车撞倒，其摆摊的木桌也掉入溪沟。

　　八字先生非常的气恼，心想一定要惩罚他们，打探之下，他听说余老爷的生庚八字，掐指一算，打算在余老爷出生对应的时辰把这八字桥掀掉一座，并暗骂道：八字少一撇，要你活不得。

　　没想到这还真的灵验了，此时正在举杯饮酒的余家老爷正在和家人用餐，突然惨叫一声，倒地而死。

　　八字先生后来又把毁掉的那座桥修好，几个地名也都保留至今，其中八字桥已成为家喻户晓的地名了。

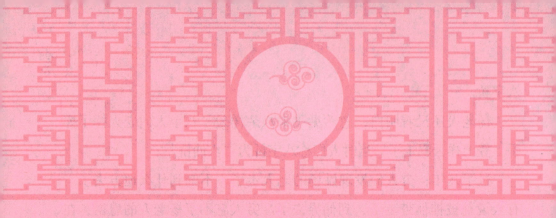

浙江绍兴的八字桥

　　八字桥位于浙江省绍城，修建于1201年至1204年间。八字桥修建在三河汇合处，主桥横跨于南北流向的主河上。字桥因两桥相对而斜，形如"八"字得名，造型非常优美。

八字桥于1256年修建，后来到了1783年八字桥又再重修。

八字桥连接起三条街道、三条河流。八字桥的桥面由并列条石组成，长4.85米，桥高5米；桥面宽3.2米，桥东西长27米；桥东的南北向落坡各为12.4米、17.4米，桥西的南向落坡为14米，西南落坡17米。

八字桥的桥栏，在望柱头上雕有覆莲，桥是石壁式的，高4米，主孔下西面第五根墩柱上刻有"时宝丙辰仲冬吉日建"。

八字桥为梁式石桥，两侧桥基条石叠砌，基上各并列石柱九根，石柱下端插入基石凹槽内，上端大条石压顶与两侧金刚墙紧贴着。

八字桥踏跺与三条道路相贯通，南面分二道与主河两岸道路相连接，其中南面西岸一道横跨小河，西面一道踏跺连接八字桥直街，北面一道在主河东岸与南面东岸一道位于同一线上，分南北两坡。

这里位处三街三河四路的交叉点，桥呈东西向，为石壁石柱墩式石梁桥，三向四面落坡，第二落坡下再设两桥洞，解决了复杂的交通问题。

　　八字桥为梁式石桥，桥洞宽4.5米，两侧桥基用大块条石砌成，石柱约高4米，下端插入桥以石材构建，柱脚立槽中央，用来加固桥梁。桥的石柱约高4米，微向内倾，使之紧贴柱后的金刚墙上，这样就十分稳固。

　　八字桥的石柱上用巨大条石压顶，再在上面盖以石桥梁。石桥梁长约4.8米，外侧用了两层石板，呈现出月梁形。石制栏杆的望柱上刻有造桥捐资者的姓名。

　　八字桥两边可以供人行走，这也是它不同于平常所见桥的地方。八字桥的东墩逼近民宅，踏步下法，沿河岸南北互通，非常方便。

　　在八字桥的西墩，除从八字桥直街直上正桥踏步外，南下东双桥西河岸也有踏步，在通向东双桥东河岸、西河岸的踏步下，还各筑有一梁式桥洞，因为在这里，很早的时候原本有一小河流穿过。

　　桥墩上所有踏步，和正桥一样，两侧都筑有石栏、望柱，使整座桥梁浑然一体。

　　八字桥非常科学而又实用地解决了小河两岸居民的交通问题。如此巧妙的建筑构思，加上如此久远的建造年代，奠定了八字桥在我国桥梁史上的地位。

　　八字桥的真正价值在于它自身的结构，以及营造者的巧妙构思。因为桥建在三水汇合处，人们将其称为"古代的立交桥"，并且大加推崇。

　　八字桥的平面布置非常有特色，桥的东端沿河道由南北两个方向砌有下桥的落坡石阶。而桥两端的两个落坡石阶，却分别为西、南方向。这种结构节省了用地空间。

　　八字桥还有一个最大的特色，就是在跨越小河的孔道上，专门铺设了一个青石板的纤道，这是专供拉船的纤夫所用。也正是因为这一个功能，它被誉为我国最古老的立交桥。

　　由于建桥的匠师们在这个多街道、多河道的特定地段，建筑了这

么一座石梁式多踏步的桥梁，遂使八字侨在我国的桥梁建筑史上，获得了重要地位。

八字桥结构造型奇妙，八字桥陆连三路，水通南北，南承鉴湖之水，北达杭州古运河，为古代越城的主要水道之一。八字桥是绍兴历史文化的象征之一，更是老绍兴的典型代表。

知识点滴

一桥大木桥，二桥凤仪桥，三桥三接桥，四桥螺蛳桥，五桥鲤鱼桥，六桥福禄桥，七桥蕺坊桥，八桥八字桥，九桥酒务桥，十桥日晖桥。凡绍兴人，都能报得出绍兴十座桥。

宋代词人陈著还专门为八字桥赋诗一首：二灵山下湖光润，八字桥头河水分。此是江东最佳处，近来风景不堪闻。

江苏兴化的八字桥

兴化八字桥最早建于1466年，已有几百年的历史了。八字桥位于江苏省兴化城区内，它是一座横跨南北流淌的北市河上的单孔花岗岩石桥。

1611年，兴化知县陈宇对八字桥进行大修，并在桥上建一座八角重檐高大的凌霄亭，上悬"宰相里"的金字匾额，它与桥西约100米处的"状元宰相"李春芳故居元老府相对应。

后来陈宇又在八字桥东西两侧商铺的墙壁上题刻由明代内阁首辅

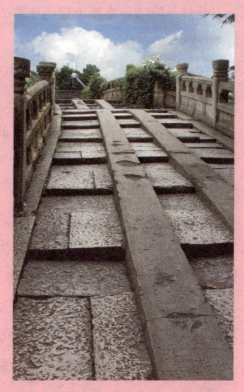

李春芳之孙、明代礼部尚书李思诚，明代南京户科给事中、礼部主事黄建中，明代兵部左侍郎魏应嘉撰写的《碑记》。

此外，陈宇还在桥上建一座旌表李春芳之女、国子监生王之麟之妻李氏的"节孝坊"。

该桥曾于清乾隆二十三年（1758年）和嘉庆年间（1796—1820年）进行修建。

尤其是在清代嘉庆年间兴化富商金氏出了大量的钱资，用花岗岩长条石更换原来的青条石，使之更加壮观结实，而成为兴化明清时期88座砖石木梁中的最负盛名的石桥。

八字桥原来的坡度为45度左右，后于清嘉庆年间改换花岗岩条石时，放低为30度左右。东西桥面各为22级石阶，宽3.4米，长20米，上铺宽0.4米，厚0.16米大小不等的石板132块。

八字桥两边，建有宽大结实的过河楼，楼下皆为商铺，使桥东西两侧的商铺连成一片，八字桥俨然成为了一座名副其实的"廊桥"。

八字桥上和其东西两侧老字号商铺一家挨着一家。桥西"刘正兴篦子店",生产和销售兴化名产篦子,店堂内悬有郑板桥题写的"发光可鉴"匾一块,从而成为该店金字招牌和镇店之宝。

据说桥内还有一座庙呢!因为自古以来,兴化城就有"七庙对七桥"的典故,它们分别是:

上真庙对上真庙桥、东岳庙对东岳庙桥、城隍庙对城隍庙桥、宝严寺对罗汉桥、宝筏寺对北门闸桥、小关帝庙对马桥、文庙对文通桥。

后来人们发现在八字桥桥拱西侧石壁上凿有一高约50厘米、宽约30厘米的神龛,内供奉一尊桥神塑像。其对面东侧桥拱石壁也有一神龛,内供一尊河神像。从此,人们才证实"桥内有座庙"的真实性。

八字桥在历史上也有重修的记录,1851年修纂的《咸丰重修兴化

县志》记载："一名登瀛，东来之水，自此而北。中和、永福两桥跨之，参差如八字，曰八字桥。"

　　可见八字桥的起源的确是因为状如八字，所以才名"八字桥"。八字桥是兴化最著名的桥梁，也是明清时期最负盛名的一座桥梁。

　　浙江上虞丰惠镇也有一座八字桥。即由两座拱桥相邻相对成八字。两座拱桥一大一小，恰如八字的左右两笔。当地称两桥为"大八字桥"、"小八字桥"。

　　大八字桥正名为"通济桥"，小八字桥为"永新桥"。绍兴与上虞两座八字桥相比较，绍兴八字桥应称"闭口八字"，丰惠八字桥可称"开口八字"。

五亭

　　五亭桥修建于1757年，巡盐御史高恒及扬州盐商为迎奉乾隆帝而建，它位于江苏省的扬州。因桥上建有五个亭，所以名为"五亭桥"，五亭桥是建于莲花堤上，所以人们又称它为"莲花桥"。

　　五亭桥的桥身是拱券形的构造，桥孔共有15孔，中心桥孔最大，跨度为7.13米，呈大的半圆形，直贯东西，旁边12桥孔布置在桥础三面，可通南北。

　　后来人们把五亭桥的桥基比成北方威武的勇士，而把桥亭比作南方秀美的少女，认为它是力与美的结合，壮与秀的和谐。

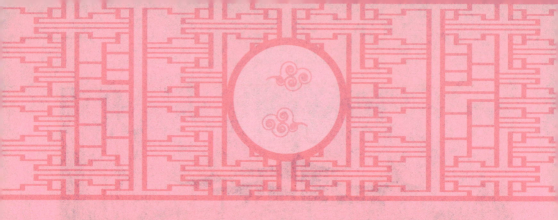

美好姻缘促成桥的修建

相传古时候，在扬州的进香河边，住着一户人家，母子俩相依为命，母亲常年有病，卧床不起，儿子20多岁，以背负老人和孩子过河

来谋生。这个小伙子姓成，非常孝顺，人们都叫他"成孝"。

成孝与邻居何莲姑娘从小青梅竹马，两人一起长大，彼此相爱甚笃，但是他们的美好姻缘却被活活拆散了。

这条街上还住有一个恶少叫赵高，恶少经常仗着自己家有钱，到处胡作非为。因其为人极坏，人们都叫他"糟糕"。

有一天，成孝正和何莲姑娘到进河边游玩，不料被恶少赵高撞见了，赵高看到何莲极其美丽，便生歹念，上去调戏，成孝便上前制止，赵高并没有得逞，勃然大怒，扬言要报复他们俩。

赵高的父亲是一个老员外，当时他回家后看到儿子不高兴就问明了缘由，知道原因后便教育儿子要认真读书，不要到处沾花惹草，胡作非为。

但赵高从小被宠惯了，一点都听不进父亲的话，硬是趁老员外外出，叫来自己的手下，去何莲姑娘家把她抓走了。赵高将何莲抢回家后，逼其与自己成亲。

成孝知道这件事后，连忙赶到老员外家，要求他放人。结果老员外不在家，赵高派自己的手下将成孝打了一顿，成孝痛不欲生，没能救出何莲，自己反而病倒了。

成孝整日卧病在床，再加上家中还有患重病的老母需要他照顾，他真的不知道接下来该怎么办了。正当成孝叫天无门的时候，奇迹突然出现了。

有一天傍晚，成孝听到屋外突然有一位老妇呼喊着要渡河，他不顾自己有病在身，拖沓着病弱的身体走了出来，这时看到有一位老妇形容憔悴，风吹欲倒，觉得很怜悯她，忍着病痛挣扎着硬是把老妇背到了河对岸去。

谁知老妇一过河就突然晕厥了过去，像是生命垂危的样子，成孝急忙又将老妇背回家抢救，并为她请了镇上的郎中医治。

当成孝带着郎中匆匆回家时，其母站在门口，神采奕奕地对他说："儿啊，那个老妇是个活菩萨，我们一定是遇上仙人了，她为我治好病后，就突然消失不见了。"

成孝见母亲百病皆除喜出望外连声说："娘，咱们遇到仙人了。"

这时房屋的上空突然红光万道，母子抬头一看，观音菩萨正站在莲花上，笑眯眯地望着他们说："看你心地善良，所以我才施法相救，帮你的母亲渡过难关。如果没猜错的话，你还有一个事情需要帮忙，对吗？"

成孝连行数礼，将自己心爱的何莲姑娘被赵家恶少逼亲的事告诉了菩萨。观音菩萨听后慈悲地让他在家放心地养病，自己去赵高家救人。

后来观音菩萨便又施法救出了何莲，惩治了赵高。成孝和何莲最终走到了一起。

没过多久成孝的事传遍整个扬州，当地人们为了报答观音菩萨救苦救难之恩，便在进香河边盖了一座莲花庵，又在庵的西北造了一座大桥，以方便香客到庵中进香供奉菩萨。

人们在建造大桥时，成孝还特意将桥设计成一朵盛开的莲花。一是因为自己喜爱的姑娘名叫何莲；二是因为观音菩萨也是乘坐莲花宝座来救自己的，而且建造的地点也恰好是莲花堤上，所以称此桥为"莲花桥"。

又因桥上建有五个亭，莲花桥又称"五亭桥"。这样的一段佳话再配以这样的美景，迅速让五亭桥成为了整个扬州城的标志性建筑。

关于五亭桥的名称的来历还有一段故事。

有一次乾隆南巡到此曾感叹它像琼岛春阴之景，由此就点出了该桥是借鉴北京北海之景。

其实莲花桥的确受北海五龙亭的影响很深，五亭皆绿琉璃瓦顶，亭与亭之间有石梁相连，婉转若游龙。另龙泽、滋香、浮翠亭有单孔石桥与石岸相接，珠栏画栋，照耀涟漪。所以人们也称它为"五亭桥"。

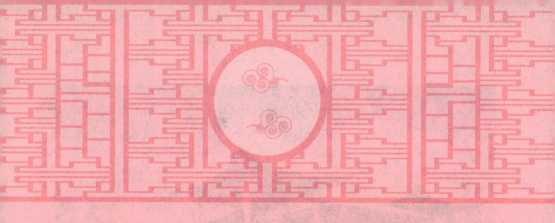

"中国月亮城"的美誉

　　五亭桥修建于莲花堤上，1757年巡盐御史高恒及扬州盐商为迎奉乾隆帝而建，是因为建于莲花堤上，所以它又叫"莲花桥"。

　　五亭桥据说是仿北京北海的五龙亭和"十七孔桥"而建的。上面

有5个亭子，挺拔秀丽的风亭就像五朵冉冉出水的莲花。

五亭桥桥墩由12大块青石砌成形成厚重有力的"工"字形桥基。

五亭桥的桥身呈拱券形，并由三种不同的卷洞联系，桥孔共有15个，中心桥孔最大，跨度为7.13米，呈大的半圆形，直贯东西，旁边12个桥孔布置在桥础三面，可通南北，也呈小的半圆形，桥阶洞则为扇形，可通东西。

正面望去，连同倒影，形成五孔，大小不一，形状各殊，这样就在厚重的桥基上，安排了空灵的拱券。

五亭桥受北海五龙亭的影响很深。五龙亭的五亭是临水而建的，中间的亭叫"泽龙"，重檐下方上圆，象征天圆地方。

五亭桥的西侧是涌瑞、浮翠、涌瑞，它们都是方形单檐的设计。五亭桥的东侧是澄祥、滋香，而它们都是方形重檐的设计。

五亭桥的亭上有宝顶，亭内绘有天花，亭外挂着风铃。下面又建了四段桥梁，像是桥的翅膀。五亭皆绿琉璃瓦顶，亭与亭之间由石梁相连，婉转地像游龙一般，倒映在水里泛出涟漪。

五亭桥的造型美观，黄瓦朱柱，配以白色栏杆，亭内彩绘藻井，富丽堂皇。

如果把瘦西湖比作一个婀娜多姿的少女，那么五亭桥就是少女身上那条华美的腰带。

《望江南百调》中写道：

扬州好，高跨五亭桥，面面清波涵月影，头头空洞过云桡，夜听玉人萧。

站在五亭桥上向东看，远处的湖光水色就是一幅典型的江南山水图景。五亭桥，联系了东方独具的刚柔之美，具有独特的历史意义，也是让人们铭记的原因之一。

唐代杜牧的诗中有："青山隐隐水迢迢，秋尽江南草木凋。

二十四桥明月夜，玉人何处教吹箫"之句。

五亭桥的桥下纵横大小15个桥洞，船只出入，别有一番风味。每当月圆之夜，每个桥洞各衔一月，月亮倒映在湖中，宛入仙境。

相传，农历八月十五的夜晚，划船到五亭桥下，在五亭桥下的15个桥洞里每个都可见到一轮圆月。也有人说，站在五亭桥不远处的小金山里，在月圆之夜朝五亭桥望去，可以看到16个月亮，水中15个，天上一个。

这些都从另外一个侧面反映了扬州人造桥艺术的高超。

《扬州画舫录》中有这样一段记载：

> 每当清风月满之时，每洞各衔一月。金色荡漾，众月争辉，莫可名状。

"天下三分明月夜，二分无赖是扬州。"扬州城因此有着"中国月亮城"的美誉。

知识点滴

瘦西湖位于扬州西北郊，它原来是一段自然河道，经过历代的疏浚治理，建造园林，逐步发展而成。

而五亭桥更被称作是瘦西湖这幅画卷的神来之笔。

相传瘦西湖原来叫"保障河"在清代乾隆年间，当时有位叫汪沆的诗人，写了一首咏扬州保障河的诗："垂杨不断接残芜，雁齿虹桥俨画图。也是销金一锅子，故应唤作瘦西湖。"

从此，瘦西湖这个名字就驰名于世了。"天下西湖，三十有六"，而以"瘦西湖"命名的唯扬州有之。

安澜桥

四川省西部安澜桥最早建于宋代以前，桥全长320米，最早称绳桥或竹藤桥。至宋代，改称"评事桥"，古代又名"珠浦桥""许事桥"，明代末被损毁了。

1803年，何先德夫妇倡议修建竹索桥，以木板为桥面，旁设扶栏，两岸行人可安渡狂澜，故更名"安澜桥"，民间为纪念何氏夫妇，又称之为"夫妻桥"。

"索桥"是我国先民利用本地竹木资源，为征服高山峡谷、急流险滩所创建的悬空过渡桥梁形式之一。

安澜桥是沟通内、外江两岸的交通要道，被誉为是"我国著名的五大古桥之一"。

动人的修建传说

　　1803年5月15日，在连接四川西部与阿坝之间的岷江渡口，发生了一起翻船事故，造成了100多人葬身大江之中，被鱼虾吞食。

　　在此地有一个姓何的先生，是当地出了名的为民着想的人。有一次他和他的夫人游山玩水，来到了岷江，看见了官船在摆渡人们。

　　何氏夫妇也想去对岸，过去一打

听，渡到江对岸，竟然收每人10两银子，而且如果两人是夫妇的话还要加收10银子，一共30两银子。

这些强占渡口敛财的恶霸们的行为使夫妇两人感到非常懊恼，两人扫兴而归，从江口折返。

回到家里，何先生彻夜难眠，还一直在想渡口发生的事，心里很不舒服，心想如何在两岸架一座桥断了这些恶人的财路呢？

何先生越想越气，越气越想，就这样不吃不喝地连想了三天，却仍然一筹莫展。

在第三天夜里，何先生看见何夫人正在刺绣，看见了那块布，它架在框子的上面，而不会掉下来，突然灵感一闪，心想："我为什么不能在空中架一座索桥呢？"

何先生将自己的想法告诉了妻子，妻子也非常赞同，于是两人就找来乡邻一商量，没过几天就开始干起来了。

他们先是编织好足够长，足够结实的绳索，然后在两岸打桩建造牢不可摧的木桩。就这样，经过一段时间的努力，何氏夫妻终于架好了一座索桥。

那些恶霸们见何先生断了自己的财路，想要伺机报复他。由于刚刚建好的桥，两旁没有扶手，再加上不稳定，很容易掉下去。

不幸的事情还是发生了，一个酒鬼喝醉酒过河不小心淹死了，渡船的恶人们抓住了这个时机，将何先生告上了公堂，一口咬定说是何先生修的桥葬送了别人的性命，要求官府抓起来严办，并且拆桥。

由于当地的恶霸和官府勾结，结果便将何先生逮捕并处死了，还拆毁了大桥。

何夫人在丈夫被处死后悲痛欲绝，想投河自尽，可是想到丈夫刚不明不白便死了，她也死了，会对不起天上夫君的亡灵，所以她决心为夫君洗冤。

于是何夫人决心再建一座大桥，完成丈夫生前的未了的夙愿。她要在渡口建一座牢不可破的大桥，并要将大桥建成一座安全的桥梁，以慰丈夫的在天之灵。

终于，大桥又一次被建好了，但还是存在一个问题，人们在这样的桥上走没有东西可扶，难免走上去会胆战心惊。所以，何夫人想办法解决这个问题。

一天，她漫步大街，看到了一个玩杂耍的人，只见那人两手抓住两根立着的木棒，全身腾空。她忽然想到在桥上装扶手，人们走在桥上就安全多了。

于是，何夫人回家后，连夜赶织了两根粗大的绳索，然后找来几个当地的能工巧匠，经过半天的努力，终于将大桥架上了安全的扶手，又在桥面铺上了宽大的木板。这下人们走上去放心多了，再也不用担心会掉到河里了。

两岸的人们为了纪念何先生和她的夫人为架桥做出的牺牲，便称此桥为"何公何母"桥。

后来，自从大桥修好以后，那以后就再没有人见过何夫人了，一个渔夫说他在河里看见了何夫人的身影，何夫人完成夫君的心愿去陪夫君了，他们夫妇在河中共享天伦之乐，与日月同生，天地共存！

后来人们又给桥上横铺了一层木板，以竹缆为栏，行走平安，故名"安栏桥"，后改"安澜桥"，意思是不畏波澜，安然过江之意。于是安澜桥的名字就一直流传下来了。

"走遍天下路，难过岷江渡"，这是安澜桥在明末毁于火灾后，当地流传的民谣。传说：当地有一豪绅，看到河隔两岸，人们渡河困难，就想乘机发财。

俗话说，隔山容易隔水难。两岸的老百姓面对500多米宽、波涛汹涌的江面，只有叫苦连天。于是，这个豪绅，就打造了一艘大船来回摆渡。他让大管家带领两名凶恶的家丁在船上收钱，船价很高。谁要敢争执两句，非打即骂，甚至把人推到江里。两岸百姓敢怒不敢言。

因此，才有了"走遍天下路，难过岷江渡"这一民谣。

知识点滴

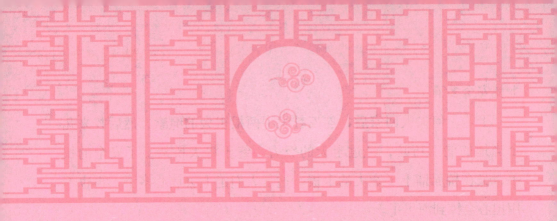

悠久的历史与美誉

在四川西部与阿坝之间的岷江之上，最早有一座绳桥或竹藤桥，这与它修建的材料有关。后来人们将它取名为"珠浦桥"。

珠浦桥始建于990年，大理评事梁楚主持修建，此时的大桥以竹索建造人行吊桥，改称为"评事桥"。

明代末期，评事桥被毁坏。人们中分改桥为渡，名为"伏龙渡"。因岷江水大流急，时常发生覆溺事件，过往行人无不临江感叹，怨愤不已。后由清代书生何先德先生修建，并改名"安澜桥"。

后人为纪念何先德夫妇之功德，于桥侧立何公何母祠，并将此桥誉为"夫妻桥"。

安澜桥以木排石墩承托，用竹篾片编成5寸粗的竹缆索24根。其中10根做成桥底索，将此如碗口粗的竹缆索横飞江面，上面在横铺木板作为桥面，木板两端再压上两索，一同和底索夹牢桥面板。再以12根竹缆索分别列于桥的两旁，作为扶栏。

为了加强桥索坚固性，每隔3尺至6尺，用木条对称的将12根竹缆索扶栏夹紧，以铁栓固定，木条与桥面下的木梁联结而形成U型框架。

底缆索捆在横梁上，使桥成为一整体。

在桥跨中间石墩上和两岸，用木绞车绞紧底缆索，再用大木桩绞紧扶栏的竹缆索，绞车安置石室木笼中，在木笼之上修建桥亭，上层用密排大石装砌作为压重之用，下层中空得以行人。

1887年初秋，桥被洪水冲毁，后又修复。安澜索桥越修越好，当地的民众无不称赞。

1894年，安澜桥再次被蔓延的野火焚为灰烬。县令又组织工匠重修索桥，并立"不得荒废维修"一通碑告诫后人。

安澜桥飞架岷江南北，是古代四川西部与阿坝之间的商业要道，是藏、汉、羌族人民的联系纽带。

据说在唐代以前，它就已经在都江堰的上空像唐诗的韵律一样诗意地摇荡了。杜甫就曾亲自观看过这座桥的重修，他在《陪李七司马皂江上观造竹桥》诗中写道：

伐竹为桥结构同，褰裳不涉往来通。

天寒白鹤归华表，日落苍龙见水中。

顾我老非题柱客，知君才是济川功。

合观却笑千年事，驱石何时到海东。

　　曾经在都江堰待过很长时间，留下过许多诗章的南宋地区著名田园诗人范成大，用很严谨的笔法在他的《吴船录》用诗描绘了当时桥的壮观美景。

　　　　　织簟匀铺面，排绳强架空。

　　　　　染人高晒帛，猎户远张罾。

　　　　　薄薄难承雨，翻翻不受风。

　　　　　何时将蜀客，东下看"垂虹"？

　　安澜桥远看如飞虹挂空，又像渔人晒网，形式十分别致。漫步桥上，西望岷江穿山咆哮而来，东望灌渠纵横，都江堰工程的概貌及其作用，更是一目了然。

　　这样的风貌，与范成大的描述几乎一致：

将至青城，再度绳桥，每桥长百二十丈，分为五架。桥之广，十二绳排连之。上布竹笆，攒立大木数十于江沙中，辇石固其根。每数十木做一架，挂桥于半空……

不同的是，范成大时代的桥面为"竹笆"而非木板。除此之外，范成大还记述了行进桥上的惊险：

大风过之，掀举幡然，大略如渔人晒网、染家晾彩帛之状。又须舍舆疾步，从容则震掉不可立，同行皆失色。

知识点滴

岷江滔滔恶浪，没有修建索桥前，民谣有"走遍天下路，难过岷江渡"之说。

后来人们开始在岷江之上修建索桥，索桥下面是高深的激流，桥全长320米。索桥在四川西部地区起源较早，安澜索桥修建具体年代不详，但据《华阳国志·蜀志》记载李冰"能笮"。

《水经注·江水》记载"涪江有笮桥"，证明至少此索桥的修建，不会晚于修筑都江堰的年代。据说是战国末期，李冰修建都江堰时始建索桥于江上。